U0944165

高思在云

中国兴起与全球秩序重组

朱云汉 著

中国人民大学出版社
·北京·

序

胡　佛*

一

朱云汉院士最近完成了一部新著，承他的厚爱，我能先睹原稿，并表达一些浅见。若干年来，我对所置身的台湾社会，有些忧心，总觉得常出现价值错乱及放纵、奢侈的浮嚣之气。在这种自以为是的偏执下，很易将自我缩限在一方的井底，看不到井外广袤的天地与风云变幻。我的忧虑，使我在若干场合禁不住提高嗓音呼唤：不要以为只要自己端坐在这里，地球就不会动啊！历史的巨浪已冲高到一个时代大翻转的转折点了，我们岂能闭目不看这股巨大的推动力？当我慨叹我的嗓音究竟能震动多少人的耳鼓时，朱院士的大著正映进我的眼

* 台湾“中央研究院”院士、台湾大学政治学系名誉教授、中国社会科学院名誉高级研究员。

帘，忽然我有一种终于发觉有人身在最高层，不畏浮云遮望眼的既异样又欣慰的感动。

在细读了朱院士的大著之后，我岂止是感动而已。他的若干突破流俗之见的胆识，直逼问题核心的洞见，通达贯穿的剖解，以及从中所流露出的人文关怀与正义情操，更使我不能不在心头感到震撼！我的震撼，使我进一步察觉到朱院士的整体构思，在空间上，既着重“致广大”，也求取“尽精微”，在时间上，则能放眼三百年来的中西历史，纵观所激荡的波涛及发展的方向。“致广大”是一种“宏观”，而“尽精微”是所谓的“微观”，朱院士先将两者聚集在社会及价值体系的结构中，再巧妙地融入三百年来的历史波澜，从而得在历史的高处，巨细靡遗地观察政治、经济、社会及思想等各种因素在互动间对人类发展所形成的动力。

朱院士多年来在社会理论及实证研究上，所累积的严谨而深厚的学养，再加上对人对事常能设身处地加以体认与设想的禀赋，使得他可从容地摆脱某种特定立场与思维的牵绊与局限，而发展出全盘观察人类社会脉动的科学历史观。在这种他自称“大历史观”的方法论的引导下，他从认证、析述、评判，直到道德的思维，逐步推演，条理分明，而能在不见凿痕下，一气呵成，完成他的通盘而完整的论述。我在细读的过程中，时而满眼涌现不尽历史浪潮的湍急，时而也充耳皆是两岸啼不住的猿声，但也有一种柳暗花明，轻舟已过，而前村在望的惊喜与感喟。

二

且看朱院士如何“高思在云”，开启他对21世纪世局的探究。他首先用一篇“序曲”，语出惊人地为历史的发展定调。他直言：当前是一个“巨变的时代”，人类社会正面临数百年来历史的分水岭。站在分水岭上，可同时看到四重历史的大反转。其一是：以美国为核心的单极体系式微；其二是：第三波民主的退潮；其三是：资本主义全球化陷入困境；其四是：西方中心世界的没落。他指出，美国的单极体系，从冷战结束迄今不过20年，却正像一个历史空隙中出现的例外。至于西方中心世界的没落，相对地，也正显示非西方世界的全面崛起。这一反转，会造成最基本层次的结构性变化。朱院士的论断是：西方国家所熟知的世界，已一去不返了。自19世纪中叶以来，以西方为中心的文明观，不仅认为西方国家争夺霸权，追逐所谓的国家利益，原本就是历史进展的必然过程，而其所主张的自由主义的民主，则更是人类意识形态的终点与政府的终结形式。不过，请试想：如果人类社会的共同目的，是在公平与正义的基础上，促进人人的美好生活，很显然地，西方强行殖民主义及争夺世界霸权的主要国家，长年的强取豪夺，何止是摧残公义，且经常成为世局纷乱与灾难之源。朱院士也毫不避讳地指出：过去以西方文明判定“进步”与“落后”的坐标，已受到相当的质疑，亦即与西方文明接轨的未必是“进步”，而与自己文化传统重新接轨的，未必是“落后”。这真是对以西方为中心的种种说辞所作的当头棒喝！请清醒一下吧，还能再习焉不察，任人摆布，而自欺欺人吗？

朱院士放声直言当前历史所面临的四大反转，如果他对近三百年整体历史的巨变，未能发展及运用他的科学史观，全程地细察、深究，那是说不出的。但在人类社会生活进展的过程中，近三百年的历史流向是极为曲折、汹涌而变幻莫测的，朱院士却能敏锐而精确地掌握其中的主流，而接着在大著中分用五个篇章，针对若干重点，进行多面向及多层次的析论。我不能尽述他通篇大著的精彩内容，但可略举其要及我的一些随感。

三

朱院士首先紧握住关系到西方世界整体结构的两个核心要素：“市场”与“民主”，再进而深入剖析美国霸权的衰退。朱院士指出，“民主”与“市场”一向为西方世界发展的两大支柱。西方的知识分子认为民主可带来和平及良好的治理，经济市场的自由化及全球化更可增进共同的富裕，而美国则是打造经济自由化与政治民主化的主力。因之，整个世界当然要以美国马首是瞻，美国也一向认为争夺及维护世界霸权，具有绝对的正当性。但实际的演变几乎是南辕北辙。在所谓的新保守主义，以及新自由主义与资本主义的主导下，市场机制所造成的则是“弱肉强食”与“劫贫济富”，而少数富豪则一面强势地操弄及掌控民主的过程，导致民众的意见与需求难以正确而公允地表达，一面则自利地影响及削弱国家机构的治理功能，使得公共福祉无法有效加以维护。朱院士曾征引确切的数据，说明美国贫富悬殊已极为严重。相当多数的民众沦为弱势的贫困阶级，而少数富豪则成为强势的特权阶层。两极化的社会，经常会出现阶级的对立与抗争，进而破坏社会的安定、和谐与凝聚。再看社会风气，普遍流于放纵与拜金。朱院士异常忧心这样的发展，会“奖励自私”、“追求虚荣”，以及诱导“无止境的享乐与无节制的贪婪”。他的忧心实质上牵连到人类生活的社会道德及文化取向的根本问题。我也深感面对如此的“美国风”，已不能不提高警惕，加以深究，决不可一味地盲从了。到了 2008 年，美国的“次贷危机”终于引爆金融大海啸，造成世界经济秩序的混乱，若干欧洲国家陷入金融困境。美国新自由主义所宣扬的“市场万能，自由化万灵”的神话，也随之破产。

美国在朱院士所指称的“变形市场”及“变形民主”的交互运作下，无论经济力、政治力及社会力皆趋向衰退。在另一面，若干传统及新兴民主国家在美国新自由主义与资本主义的促动下，效行上述市场与民主的机制，终造成更严重的纷乱。向被称为“终结价值”的民主，在这些国家却变成“劣质的民主”。所谓第三波民主的浪潮，已开始消退。朱院士且指出，就连美国若干倡导自由主义的重要知识分子，也主张美国的民主体制必须加以改革。总之，美国在“9·11”事件后，虽仍强力地维护单极的世界霸权，但很显然地，已力有未逮，且不再能颐指气使地掌控以西方为中心的世界秩序了。

四

现不妨作一设想：如果非西方世界仍像过去一般的“落后”，美国的国力纵然呈现衰退，也还能自作调整，弥平一些区域局部性的风暴，而在峰回路转后，也非无可能维持单极霸权于不坠。但这一设想，在中国以惊人的速度崛起后，恐怕已绝少具有可能性了。我完全同意朱院士所强调的，中国的崛起与所发展的中国模式，对全世界而言，简直可称为历史上石破天惊的巨变。中国在1978年才进行改革开放，随即就以最快的速度，推动经济的持续增长；以最广的幅员，进行全面的工业化；以最大的规模，消灭普遍的贫穷。朱院士根据多种研究资料指出，在短短的30余年间，中国经济增长的多项指标，皆一举超越美国。这种转变，已确切地说明全球生产力与财富的重新分配，以及世界秩序在权力及价值结构上的质变。过去以西方为中心的“一元现代性”框架，已不能不为“多元现代性”所取代，而美国单极体系的霸权，也自然趋于式微。朱院士更意味深长地认为：中国的崛起要放在“非西方世界全面崛起”的历史大故事中了解。这也就是说，人类世界的整体结构正面临进一步的重组。

但我们又应如何理解中国如此震惊世界的发展呢？朱院士特别重视知识探究的态度，并提出发人深省的看法，也就是对中国的观察，决不可先陷在过去所熟悉的历史知识与价值的框架中，因为过去认知与观念的基础，充满着以西方为中心的谬误与偏差。如不能调整先入为主的思维架构，就很易作选择性的评析，从而根本无法获致客观、公允及全面的理解。上述朱院士所强调的，真是诚哉斯言！试看许多“断言”中国所进行的现代化改革，必然会在某个短期内崩解等等的言论，徒增历史的笑料而已。

中国所造成的翻天覆地的巨变，本质上，确实也不是轻易地能从表层可以看得透彻的。朱院士在他的大历史观的视野下，对各种成因，作了严谨而客观的解析，因而能一面纵观世变，一面直指底蕴，使得所谓的“社会主义的中国模式”真实而鲜明地呈现出来。他在这方面的解析，无论在学术上及对世局的理解上，皆具非凡的贡献。长期以来，我对中国的快速发展，也有许多关切与思辨，但朱院士的许多突出之见，真是见人之所未见，言人之所未言，令我感触良深。现略举数端，以见一斑。

其一，中国从1949年到1979年的30年间，实施社会主义的革命和建设，一般皆认为既付出极为高昂的社会代价，且浪费时间，造成历史上的“黑暗时期”。但从另一方面看，朱院士则强调：在这一过程中，中国建立了非常强大的国家意识，而能在民族复兴的大旗帜下，凝聚社会的意志力于最优先发展的目标上。然后国家即进而发挥最大的动员力及执行力，将全国重要的土地资源及工业资产全部转为国有化或集体化，构成实现改革开放发展目标的最庞大的政治及社会资本。这种社会主义所构成的历史发展条件，当然是其他国家所难以想象与复制的。

其二，朱院士认为中国所实施的“社会主义民主”是另有思维、别具建制的。中国传统的政治观念一向重视“民为邦本”的“民本主义”，而在这一观念的基础上，力求“民享”。至于“民享”的内涵及施政，则实行“精英主义”，亦即在民众整体福祉的考量下，运用科举制度，选贤与能，并集中国力，进行精英治理。这种体制当然反对社会阶层的撕裂与对抗，以及代表个别利益的政党恶斗。朱院士进而指出中国所强调的社会主义，就是以民众整体利益作为“邦本”的进一步构思，而共产党的执政，实质上仍是一种“精英治理”。不过，共产党执政下的“精英治理”，在体制上，则又融入若干现代民主与制衡的设计：如领导阶层的任期制，独立的纪检及问责制，党内与行政干部的培养、选拔、黜退以及民意评鉴制等。这些制度一面可避免独裁与滥权，一面则能发挥精英的专业能力，以提升施政的效能，达到“民享”的主要目的。换句话说，中国的社会主义民主，特别着重“民享”，而不采取有碍“民享”的“选举民主”或“民粹导向”的“民治”。中国所发展的这种体制，当然为久受西方霸权的欺压而亟谋振兴的“落后”国家提供了另一种发展的参考模式。

西方所一向倡导的自由民主理念，主要建立在个人理性的基础上，并依据公民主权及消费者主权的原则，而达到保障多数人权益及满足多数人需求的目的。这一理念当然为朱院士所熟知，但他在检视西方主要民主国家特别是美国实际的政治运作后，发现在资本主义的操控下，一般民众与精英相比常处在信息、知识、权利极不对称及甚欠平等的地位，既难作独立与自主的理性抉择，也无法达到谋取自身权益与满足自身需求的目的，终于形成朱院士所痛惜的“变形市场”与“变形民主”。再进一步看，作为西方自由人权基础的个人主义，也不能是绝对放纵的。如果任何个人或社群主张“只要喜欢，就可以做”，这必定妨碍到其他个人或社群的自由人权。美国新自由主义的绝对开放的观念，也在某种程度上催生绝对放纵的“变形自由”，或可称之为“新个人主义”，而加重“变形市场”与“变形民主”所造成的社会失序与冲突。

其三，中国的崛起是为了争霸吗？稍看近三百年来的历史，即知主要的西方国家，皆是为了自利而不惜运用各种强制的手段包括武力，掠夺非西方落后地区的资源，并争夺世界霸权及掌控所谓的世界秩序，美国竟常自诩为“世界警察”。朱院士则明确地指称，这种西方中心的霸权观，从来不为中国所认可。中国的领导阶层也从来不主张称霸，且公开拒绝美国所推销的“中美共治”，也就是“两国集团”（G2）的倡议。中国明确地强调不结盟及独立自主的和平外交政策。近年来，中国陆续提出有关上海合作组织、亚太地区、金砖五国，以及“一带一路”等等经济共同开发方案。这些方案实际皆是超越西方中心的霸权观，并绕避西方所主控的世界秩序，而重建和平、对等及互利的世界新秩序。这原符合中国传统“和衷共济”的“天下观”的精神，却也正标示着“非西方世界崛起”的历史巨变。

五

在历史的大浪潮激荡出四个大反转的巨变后，今后人类的历史又将如何发展呢？朱院士的看法是：一方面，全球秩序可能进入一个较长的崩解与重组时期，而在这一时期中，难免会产生某种程度的混乱与失序；另一方面，可能迎来一个无论在经济、文化、宗教、族群等方面，皆更能符合对等、互惠、多元、尊重以及公正、发展等原则的新世界，也就是更能建构一个体现“休戚与共”及“和而不同”理念的全球新秩序。我个人则对这一全球新秩序，持较乐观的期待。中国近年来与前述有关国家所进行的各种经济发展及文化交流等合作规划，大多皆能符合及体现上述的原则与理念，而受到这些国家的欢迎。2014 年 10 月 24 日，在东盟极具声望的马来西亚前总理马哈蒂尔，于香港的一场演讲中即指出，中国与东南亚国家之间的交往历史悠久，实际有机会殖民像马来西亚这样的国家，但是都没有这么做。西方国家则占领整个东南亚，如葡萄牙在1509年到达马六甲，两年后就把马六甲占领了。他认为中国很快就可以成为世界第一大经济体，美国无法接受，所以一直把中国当敌人，并制定“重返亚太”的对策，思加围堵。他进而特别强调：中国崛起会为东盟国家带来好处，而不是威胁；在整体上，东盟也不愿意成为围堵中国的桥头堡，且马来西亚的发展更离不开中国。由马哈蒂尔的演讲词应可看到，中国在“和衷共济”的天下观下所推展的“非西方世界崛起”的世界新秩序，会在东方随着太阳和煦的晨曦逐渐升起，光照大地。思念及此，我忽忆起宋代名臣宋祁的词句：“东城渐觉风光好，縠皱波纹迎客棹。绿杨烟外晓寒轻，红杏枝头春意闹。”（《木兰花》词上阕）。但愿东来的春意，能为世界新秩序中的人类生活，带来盎然的生气与不尽的繁盛。

我与朱院士切磋问学，相知相惜逾数十年。他的博学、深思，以及睿智的识见与高尚的情怀，我常叹为当今难得。现细读他对“石破天惊”的历史巨变的完整论著，让我不禁深为感佩一样是“石破天惊”的他的若干独特之见。这真是难遇的知识机缘，可称一生中的幸事与乐事。想关心历史变局的世人，在通解之后，定会与我同感吧！是为序。

2014年11月29日于大湖山庄

自序　迎接 21 世纪多元格局的挑战

我在 1990 年的 11 月第一次踏上中国大陆。我的祖籍在浙江，成长在台湾，大陆对我而言是一个既熟悉又陌生的地方。当年我正好在美国哥伦比亚大学政治学系担任客座副教授，所以我和内人是从纽约出发，在东京转机，经过 18 个小时的空中旅途，才抵达北京首都机场。

来机场接我们的北京朋友刚从部队退伍，临时借来一部军用吉普作为代步工具。我勉强压抑着激昂情绪，怀着充满着好奇的心情，在举目萧瑟草木、行人车辆稀落、斜阳洒落大地的浓浓秋意烘托下，沿着像是一条乡间小路的“老机场路”颠簸进城，扑面而来的只有马路旁两排笔直的白杨木。当年这一幕，虽然已相隔四分之一个世纪，如今仍历历在目。

这次破冰之旅，在我脑海中留下的烙印永难磨灭，也对我日后的学术研究方向产生了根本性影响。这 25 年来，神州大地出现了翻天覆地的变化。改革开放带给中国的是一场千年未有之大变，带给世界的是历史坐标开始翻转。中国的发展经验打破了所有人类社会的历史纪录，颠覆了西方主流社会科学的各种解释模式与理论预期。

这四分之一个世纪以来，我有幸亲历其境，见证了这场历史巨变。源于一连串的研究课题合作与学术交流的机会，过去25年我奔波于两岸之间不下百次，足迹走遍大江南北，也有机会在合作伙伴陪同下深入大陆基层进行调研；我也因此有缘结识了一批大陆知识界的好友，大家可以经常相互砥砺，交换心得，偶尔务虚，不时争论，共同探索中国发展模式这部“天书”。

这四分之一个世纪以来，我也有幸在学术道路上走的路程比一般人远，也让自己的研究视野得以不断开拓。各种因缘际会把我的研究触角带到五大洲的40多个国家。我有很难得的机会可以深入观察美国与欧洲政治经济体制的运作，也有机缘可以近距离观察东亚、东南亚、南亚、中东、非洲以及拉丁美洲各主要国家的社会发展经验。我也有幸与当代民主理论、民主化研究、政治经济学以及国际政治经济学等领域最具前瞻视野的各国学者建立起私人情谊，得以密切往来、相互切磋学问。

对我这样一位以比较政治经济学及国际政治经济学为专业的学者而言，中国大陆发展经验的理论意涵、中国政治体制的演进路径，以及中国兴起如何带动全球秩序重组，这一组相互关联的课题乃是难度极高的知识挑战，也是引人入胜的学术课题。这场历史巨变倒逼着我们这一代学者回头检视长程的近现代人类社会发展的轨迹，重新检讨西方主流社会科学理论的核心假设与基本解释框架。

随着知识的增长与人生阅历的累积，我愈感觉到有必要将中国大陆的发展经验及其影响放置在最宽广的历史坐标与理论视野之中。如果我们对于过去三百年世界史的演进脉络缺乏了解，对于西方政治经济体制的构成与运作机制缺乏深入观察，对于第二次世界大战之后以美国为首建构的全球政治经济秩序的真实本质、宰制机制与分配作用缺乏批判性的透视，就没有能力入手中国模式兴起对人类社会发展的历史意涵这样一个大问题。

在过去十年，我经常在各种演讲场合提醒我的听众，我们正处在一个百年不遇的历史大变局之中。如果我们想要看得清楚这个剧烈变动的时代，想要掌握它的来龙去脉，就一定要跳脱过去习以为常并被视为理所当然的主流价值观与思考模式，因为这些价值观与思考模式只是一时一地的历史产物，从来就不是放诸四海皆准的金科玉律。这些思维窠臼不但无助于我们认识与理解 21 世纪历史巨轮的滚动轨迹，反而可能遮蔽我们的视野。

我也经常提醒我的台大学生，在面对这样一个历史巨变的时代，我们要有胆识试着回答几个根本性的大问题：今日我们所处的时代是一个什么样的时代？我们从哪里来，可能往哪里去？为什么我们过去信奉不疑的标准与制度会难以为继？新的秩序与结构又将如何产生，从哪里涌现？

这本小书反映了我对这些大问题的初步思考。这本书的基本素材脱胎于我过去这几年在两岸的高校所做的数场演讲。我也曾经将这些演讲所提及的部分观点与某些例证，在观察者网、《商业周刊》、《中国时报》，以及《天下杂志》的专栏陆续发表过，但限于篇幅，都比较零星与短促。最近在中国人民大学出版社编辑的催促下，我总算设法从忙碌而繁重的作息中抽出一点时间，将这些素材重新条理衔接，以比较完整而流畅的面貌问世。

我想通过这本书提醒两岸的读者，人类社会在跨入 21 世纪之际，全球政治、经济与意识形态格局正在经历一场翻天覆地的秩序与结构重组。但是无论在台湾或在大陆，大多数的社会精英对于这场历史大变局的面貌与动向仍未形成清晰的思路，更缺乏完整的掌握。许多社会精英还是紧紧拥抱着 20 世纪后半叶形成的主流观念与思维模式，没有做好迎接 21 世纪大变局的思想准备。

我也想通过这本书的出版，帮助两岸的年青一代培养一种豁达而积极的心境来迎接未来的挑战。让他们能在长程历史趋势转折、全球秩序重组的大脉络下来思考中国的未来；让他们能在 21 世纪多元并起、非西方世界全面崛起的历史大格局中来思考自己的安身立命之道。

这本书的标题源自张佛千先生的一副对联。12 年前承蒙佛千老的厚爱，在他九五高龄之际，还提笔为我这位后生晚辈撰制了十六字箴言：“高思在云时空俱远，青光有汉星斗皆文”，并请陈坤一先生书楷。我一直把这副珍贵的楹联挂在台北北投寒舍的玄关壁上，作为对自己的期许与鞭策。

朱云汉 甲午年冬伏案于槟城春潮小院

目　录

第一篇

序曲：四重历史趋势的反转

当前人类社会，正处于一个数百年难遇的历史分水岭。我在多年前的一篇演讲中，把这个重要历史关头称为“巨变时代”[1]，这是我们熟悉的历史坐标迅速消失的时代，也是我们视为当然的历史趋势出现转折的时代。

站在这个历史分水岭上，我们同时观察到四重历史趋势的反转，这四重历史趋势的出现与存续时间差别很大，而且彼此之间未必形成有机的联系，但这四重历史趋势之所以在今日同步式微与反转，或多或少都跟中国兴起有关。

第一重趋势反转，就是以美国为核心的单极体系式微。这个历史结构形成于后冷战时期开端，到目前为止不过20余年，所以是一个很短暂的历史周期。1990年代海湾战争后，美国为世界公认的唯一超级强权，它一手主导苏联瓦解后的新国际秩序。但是这个单极体系不到20年就出现根基动摇，所以严格说来并不是一个历史趋势，而更像是一个特殊历史空隙中出现的“例外”（aberration）。我把它视为一个历史趋势，是因为这个单极体系曾经被认为是顺天承运、结构牢固，更无可逆转。[2]

第二重趋势反转就是“第三波民主”（third wave democracy）的退潮。第三波民主的起点是 1970 年代中期，高潮是 1990 年代初期。大家都还记得当年弗朗西斯·福山（Francis Fukuyama）的盖棺论定论述，断言人类已经走到文明演变的终点站，没有其他体制可以超越西方的自由民主体制。[3]这样一种志得意满的情绪，今天来看是明显过头了，这个历史趋势只维持了将近 40 年就出现退潮。[4]上个世纪的最后 20 年是民主体制扩散的黄金年代，但进入新世纪以后民主化浪潮的动力已经明显衰竭，民主崩解的案例陆续增加；许多新兴民主国家尽管还勉强维持民主的门面，但民主的内涵很大程度上已经被腐蚀，人民只能忍受各种形态的劣质民主与反复出现的治理危机。美国民主体制也一步一步走向衰败，不但不能作为新兴民主国家的榜样，反而成为散播劣质民主的最大感染源。

第三重趋势反转是资本主义全球化陷入困境，也可以理解为国际经济秩序自由化的危机浮现。就像第三波民主化一样，这不是一个新的历史周期，而是资本主义发展过程中多次出现的历史周期。第二次世界大战结束后，由美国所主导的国际经济秩序重建，为新阶段的资本主义全球扩张打下了基础，这个国际经济秩序自由化的趋势，更在社会主义阵营瓦解后，发展到前所未见的高峰，地球上几乎所有国家都被吸纳进这个全球经济体系，所有国家的政治与社会秩序都被全球资本主义的逻辑所宰制。但是随着“华盛顿共识”（Washington Consensus）破灭，世界各地反全球化社会运动兴起，美国金融泡沫破裂，西方社会经济增长引擎熄火，以及愈来愈令人发指的贫富悬殊出现，许多社会已经出现激进的变革呼声，甚至濒临动乱的引爆点，这个推进了将近 60 年的历史趋势，正面临前所未见的危机。

第四重趋势反转是西方中心世界（West-centric world）的没落，也可以说是非西方世界的全面崛起，这是一体的两面。这是四重历史趋势中最根本层次的结构变化，也是一个 300 年长期历史大趋势的反转。在 18 世纪初期，中国、印度与伊斯兰教世界仍与西方分享世界舞台，但是随着工业革命以及殖民主义的扩张，非西方世界一一落入西方的宰制，西方国家主导人类历史长达 300 年。然而，正如新加坡李光耀公共政策学院院长马凯硕（Kishore Mahbubani）教授在其著作《新亚洲半球》（*The New Asian Hemisphere*）中所言，进入 21 世纪后，世界权力的重心明显向亚洲移动，亚洲将成为人类历史舞台上的要角。“新亚洲半球”的崛起，可以跟 20 世纪崛起的西半球一样，撑起半边天；世界舞台上西方国家独占鳌头的时代，已经告一段落。[5]

最近几年，这四重历史趋势出现反转的迹象愈来愈明显，也难怪许多欧美社会的有识之士，均不约而同地提出警世之论，提醒自己国内的读者：西方国家所熟悉的世界已经一去不返。从《新闻周刊》(*Newsweek*)前总编辑法里德·扎卡利亚(Fareed Zakaria)所宣称的——我们正进入"后美国世界"(post-American world)以及正面临人类近代史中"第三次重大的权力移转"[6],到加州大学伯克利分校国际研究中心主任韦伯(Steven Weber)与另外两位年轻同事所描绘的"没有西方的世界"(a World without the West)[7],到美国外交关系协会会长哈斯(Richard Haass)所宣称的"美国主导的单极世界已经结束,21世纪将是一个无极世界"[8],到政治风险顾问公司欧亚集团(Eurasia Group)总裁布雷默(Ian Bremmer)所描绘的"零极"结构,世界秩序正开始进入各国自扫门前雪的新阶段。[9]他们的共同语言没有别的,就是西方国家要准备迎接一个崭新的全球权力结构。

这四重历史趋势出现转折之共同特征之一,是内部的结构性矛盾不断累积,最后是物极必反。当美国的新保守主义将"市场原教旨主义"(market fundamentalism)与"民主帝国主义"(democratic imperialism)的教条推进到了极致时,也就无可避免地加速了美国主导的单极体系的崩解,无可避免地引发了世界各地抗拒经济全球化的社会力量凝结与反扑。当华尔街无止境地追逐虚拟经济中的投机暴利时,无止境地在全球推动衍生性金融商品的自由买卖时,也就无可避免地引发了1929年经济大恐慌以来最严重的金融危机,并将战后长达60年的全球资本主义扩张期带入一个深不可知的震荡收缩期。

这四重历史趋势出现转折的另外一个共同特征，是名与实之间的落差日益明显。这些看起来浩浩荡荡无可逆转的历史趋势，其实都存在浮夸、装扮、矫作的成分，其真实面貌与本质最后必然会逐渐暴露。过去世人对这四重历史趋势的理解与体验，多少都受到意识形态框架与选择性认知的影响。等到一连串不寻常的重大历史事件出现，世人受到刺激乃重新检视这些习以为常的意识形态架构，乃重新发掘出过去被扭曲或掩盖的事实。接下来，为这些历史趋势提供动力来源的信仰基础就会松动。

过去世人为美国无与伦比的超强国力所震慑时，就无法看清这个单极体系的结构也有脆弱的一面。当选举式民主被树立为唯一具有正当性的政治模式时，大多数人就选择性地忽视“民主门面”背后的权力腐化、寡头垄断与民意操弄，同时世人也就轻易接受西方媒体对“非民主体制”近乎妖魔化的描绘。过去“西方中心主义”长期支配解释非西方世界现代化经验的话语权，非西方世界多样的现代化经验经常被削足来适履，硬被塞入“一元现代性”（singular modernity）分析架构，不同文化传承下的现代化路径与形貌的重要差异被刻意忽略或排斥。现在回头来看，其实“多元现代性”（multiple modernities）才是一个更贴近20世纪历史事实的概念架构，从日本、韩国、新加坡、土耳其到卡塔尔都是如此。[10]

这四重历史趋势在今日同步式微与反转，背后有两个共同因素在起作用，一个是美国政治经济体制的日渐衰败，另一个是中国发展模式异军突起。美国主导的单极体系面临崩解，一方面固然是因为美国的科技领先与产业竞争优势逐渐被追赶上，导致美国经济结构严重失衡，必须长期依赖借贷与虚拟财富来支撑国内消费；同时，政治上的新保守主义当道，也让美国软力量大幅消退，过度倚赖军事投射力量。另一方面，中国的兴起也不断在削弱美国独霸的战略格局，让急欲摆脱美国战略围堵或政治支配的国家找到了战略依托，无论是俄罗斯普京的独立自主外交路线，或是委内瑞拉查韦斯的 21 世纪社会主义路线，甚至是法国所倡导的多极世界，背后都有中国崛起的身影。中国发展模式的出现，也让抗拒来自西方民主化压力或是试图突破资本主义模式而尝试其他发展道路的国家，在外部经济交往条件或意识形态空间上都得到喘息机会。

这四重历史趋势同时出现反转，对人类社会发展的意义是十分深远的。这意味着“一元现代性”的历史框架松动了，取而代之的是“多元现代性”的格局。过去在一元现代性框架下，衡量“进步”与“落后”的坐标是明确的，现在这个我们熟悉的历史坐标开始受到质疑。这也意味着，非西方社会在面对社会制度与价值体系之选择时，享有更大的思维想象空间。与西方文明接轨未必是“进步”，与自身文化传承重新接轨未必是“落伍”；非西方世界更有条件开展费孝通所提倡的“文化自觉”[11]，因为西方世界加诸非西方世界的外部制约条件将愈来愈松弛。

非西方世界知识分子也意识到，他们的发展道路不能重蹈西方物质文明的覆辙，因为地球无法承担；广大的非西方世界必须另辟蹊径发展。中国与印度的知识精英更是责无旁贷，因为人口和经济规模庞大，两国的经济崛起对地球生态平衡的潜在冲击，将远大于西方先进工业化国家遗留的历史包袱，因此中国与印度无法回避自己的发展模式给全球带来的负面外部性问题。

这跟冷战结束后的头十年完全不同，当时所有非西方社会都面临“选项压缩”（narrowing of options）的困境，选举式民主与美国式资本主义似乎是唯一的道路。这也意味着，人类社会将同时面临两种可能的历史发展情境：一方面，全球秩序可能进入一个较长的崩解与重组时期，在这期间一定程度的失序与混乱很难避免，许多全球层次的公共治理议题可能出现巨大的真空；另一方面，我们也可能迎接一个更公正的全球秩序之来临——一个更符合对等与互惠原则的国际经济交换模式，一个更尊重文化与宗教多元性的全球公共论述领域，一个更能统筹兼顾地球上绝大多数群体的可持续发展需要，以及更能体现“休戚与共”及“和而不同”理念的全球秩序。

第二篇

反思市场与民主

从1999年年尾到2000年年尾这一整年时间，全人类都在迎接两个重要的历史新阶段：一个是新千禧年，一个是21世纪。很多读者可能还记得在南太平洋最接近国际日期变更线的岛屿，来自全世界各地的人们聚集在海边，通过架设望远镜与摄影机，来迎接新千禧年的第一缕阳光。在那个时点上，似乎人类有一个共同的期望、共同的感受：地球是一个大的群体，我们都生活在同一个历史纪元与架构之下。绝大多数人对于新世纪充满着乐观的憧憬，期望这个新的世纪是一个更和平的、更富足的、更公正的世纪，是一个合作互助、永续发展、良好治理的世纪。在千禧年前夕，全世界100多个国家的元首聚集在美国纽约的联合国总部，发表《新千禧年宣言》：

> 我们各国元首和政府首长，在新的千年开始之际，于2000年9月6日至8日聚集于联合国纽约总部，重申我们对联合国的信心，并重申《联合国宪章》是创建一个更加和平、繁荣和公正的世界所必不可少的依据。

同样地，西方的知识分子也普遍对未来高度期待。这种乐观是建立在20世纪最后四分之一时期所发生的剧烈变化基础上的，即一场社会、经济与政治体制的改革浪潮席卷全球。这个变化的主轴是“民主化”与“市场化”。西方志得意满的知识分子甚至预言，人类正走向历史演进的终点，也是文明的极致——人类最后的、最高的社会体制，不存在超越这种体制的其他可能性，而尚未出现这种体制的社会，也无可避免地要向它靠拢与接近。福山在他的《历史之终结与最后一人》一书中曾大胆断言：

> 自由主义的民主，构成了人类意识形态演化的终点，也是人类政府的终极形式。[12]

在这种视野框架之下，西方知识分子有这样一种假设：民主可以带来和平，民主可以带来良治；经济自由化与全球化可以带来持续发展与共同富裕；人类社会可以享受美国盛世下的太平（Pax Americana），全世界也会心平气和地接纳美国的领导，因为美国是打造世界经济自由化与政治民主化的龙头。

接下来的发展，与当时的乐观预期几乎是南辕北辙。当然，中间发生了“9·11”恐怖分子攻击事件，让美国所扮演的全球霸权角色出现更戏剧化的转折。然而，即使没有这个意外事件的发生，早在21世纪的开端，美国盛世下的“天下不太平”的征兆也已经昭然若现：许多新兴民主国家纷纷陷入严峻的治理危机，政治乱象丛生，甚至民不聊生；在全球各个角落，市场万能、自由化万灵的神话开始消退；2008 年“次贷危机”爆发，将全球经济推向大萧条的边缘，更让鼓吹市场最有效率的新古典经济学面临信用危机。

新千禧年的迷惘

在东欧地区，经过十多年的市场化改革之后，很多前共产党人士又以左翼或社会劳工党名义重新执政，并试图修正前段时间全面私有化的变革；在拉丁美洲，世界银行与国际货币基金组织（IMF）大力宣扬的“华盛顿共识”遭到普遍质疑，亲美右派政权纷纷下台，左倾执政党开始摸索更均衡、自主的发展策略。跨国企业试图在全球打造的贸易与金融秩序全面自由化，在世界各地遭遇劳工、农民、环保团体强烈的反弹，因为经济全球化的果实往往由少数人囊括，但其巨大的风险，却主要由经济弱势群体承担。

与此同时，地球暖化的迹象愈来愈明显，极端气候带来的巨大灾变在世界各地肆虐，成为落后国家社会与政治动乱的主要原因之一。美国在伊拉克所点燃的中东战火，只是让这个原本已经不平静的世界显得更为荒谬与血腥。从更深一层角度来思考，当前人类面临的最大困境，在于“民主”与“市场”——被许多政治领袖与知识分子定义为架构 21 世纪人类社会生活的两大支柱——正遭遇严重的变形与退化。在许多第三世界国家，民主与市场之实际运作不但未能达到人民期许，反而成为 21 世纪世界秩序动荡的来源。

扭曲市场与民主的根本力量，是美国过去 30 多年来打造的“新自由主义世界秩序”，这个新的秩序让美国式资本主义所向无敌，让资本在全球取得前所未有的主宰地位，民主与市场两者都成为全球资本主义的俘虏。

全球资本主义使得极少数跨国企业精英，取得影响国家政策、支配社会基本游戏规则的无比权力；金融全球化，使得资本可以自由流动到任何一个最友善与最优惠的地方，资本家不再需要迁就国内其他阶级的政治要求。美式资本主义解体了许多国家的社会凝聚力，冲击了欧洲国家许多调和民主与资本主义的基本设计，例如福利国家与劳工权利保障。全球资本主义宰制下的民主，向资本家利益严重倾斜，贫富差距急速扩大，中产阶级面临挤压，并导致国家机构经济社会职能减缩与维护公共福祉能力退化。全球资本主义宰制下的市场体制，不断诱导与鼓励无止境的享乐与无节制的贪婪，给人类社会与自然环境带来严重的破坏与巨大的风险，全球暖化已经成为人类社会不得不面对的生存威胁。

美国民主退化的始作俑者：新保守主义革命

回顾历史，英国首相撒切尔夫人与美国总统里根启动的新保守主义革命，过去 30 多年逐步在全球打造了一个窒息民主的外部环境，而且也在体制内部埋下了腐蚀民主的因子，并在最近 20 年形成一个民主质量全面退化的全球趋势。

1979 年的 5 月 3 日，伦敦的唐宁街十号（注：英国首相官邸俗称）迎来了一位新女主人：玛格丽特·撒切尔，不过她不是首相夫人，而是英国历史上第一位女首相。她担任首相 11 年期间，彻底改造了英国的政治生态，对英国经济结构进行了翻天覆地的重整，更在西方国家掀起了一场经济政策思维的变革，历史学家称之为“撒切尔革命”（Thatcher Revolution）。

别号“铁娘子”的撒切尔夫人，是西方国家在经历两次石油危机，并深陷“停滞性通货膨胀”（stagflation）时，第一位主张彻底实施“大市场、小政府、轻赋税”政策的右派执政党领袖。她上台后，以铁腕手段大幅压缩福利国家体制，全面扬弃凯恩斯经济学，改采激进的货币学派处方。她用最猛的高利率手段与严格的平衡预算，强力压制通货膨胀；同时，她全面解除经济管制，将包括银行、铁路在内的国有企业全面私有化，并动用镇暴警察击垮工会的顽强抵制。战后西欧国家普遍实行的混合经济体制，在她手中寿终正寝；战后 30 年的社会阶级和谐，也在她手中烟消云散。

一年半之后，新当选美国总统的里根，也紧紧追随她的脚步，全面推行市场化、自由化与私有化改革，并在全球掀起"新自由主义改革"浪潮。由于撒切尔与里根的政策有效地对抗了"停滞性通货膨胀"，西欧右派政党纷纷起而效尤，连传统的左派政党也被迫改弦易帜，向新自由主义经济路线靠拢——前有美国的克林顿，后有英国的布莱尔。这套政策思维最后被升华为"华盛顿共识"，通过世界银行与国际货币基金组织的强力推销，成为大多数发展中国家奉为圭臬的典范。

撒切尔与里根所发动的新保守主义改革，可以称之为"革命"，这场改革将所有欧美资本主义社会的权力结构导向极度不平衡，也严重扭曲了民主体制的运作。这是一场敌视"政府"、丑化"国家"、神化"私人企业"、崇拜"市场"的激进革命。新保守主义推动的政策，加速了自由市场机制中的"弱肉强食"与"劫贫济富"的倾向。

过去 25 年，虽然美国经济继续增长，但是美国 97%新增加的所得，却都落在前 20%高所得的那一层。单单在小布什总统 8 年任内，美国贫困人口就增加了 17%。1986 年，美国最富裕的前 1%家庭拥有全国 33%的财富，以及每年分配到 12%的总所得；到了 2011 年，美国最富裕的前 10%的人，拥有 70%的财富；而最顶端的前 1%的家庭拥有 40%的财富，以及 25%的全年所得。相较之下，美国最底层 40%的家庭，却只拥有全国财富的 0.2%，很多中低收入家庭的净资产为负值，他们的债务大于资产。

再举个例子说明美国的贫富差距扩大的现象。根据美国人口普查局的调查，纽约市曼哈顿是美国所得差距分配最极端的地区，在 1990 年所得顶层 20%的人，平均收入是底层 20%的 32 倍，为 174 486 美元与 5 435 美元之别；到了 2010 年，前 20%顶层收入者的平均所得，增长为底层的 38 倍，变为 371 754 美元与 9 845 美元之别。在这个“朱门酒肉臭”的世界金融中心，贫困家庭的比例也非常突出，居住在曼哈顿的未成年人中，有高达 30%生活在贫困线以下。[13]

资本集中加速贫富差距扩大

为何在一个放任资本家追逐最大投资回报的体制下，贫富差距的急速恶化难以避免？或许我们可以从最近在世界各地畅销的《21 世纪资本论》这本书里找到答案。这本由巴黎经济学院教授皮凯蒂（Thomas Piketty）所写的畅销书，被右派智库视为毒蛇猛兽，而诺贝尔经济学奖得主保罗·克鲁格曼（Paul Krugman）则在《纽约时报》连发三篇专栏推介，并称其为近十年最重要的经济学著作。[14]

皮凯蒂教授的基本理论简洁有力：如果资本平均报酬率高过 GDP 的平均增长率，其结果必然是贫富差距日益扩大。他利用先进工业国家几个世纪的财富积累和经济增长资料估算，资本报酬率平均维持在每年 4%～5%，而 GDP 增长率平均在 1%～2%区间。这意味着在 GDP 中，薪资收入所占的比例会逐渐缩小，而资本报酬的比例会上升。富裕阶层及其后代可以轻易地用钱滚钱，他们财富累积的速度，将远远超过靠薪水过日子的人，何况多数受薪者的所得增幅还跟不上经济增长。除非有战争、国有化或再分配机制来限制财富积累，否则几代之后就可能出现极端的不均。

20 世纪的西方国家，曾经出现经济增长与所得分配改善并存的现象，但这是 300 年间的例外，而非常态，其原因就是两次世界大战的破坏，以及经济大恐慌之后，西方各国推行高累进税制与社会福利。例如老罗斯福总统“新政”时期的累进所得税，最高税率达 75%。

但这些有助于矫正分配不公的制度，在里根与撒切尔启动新保守主义革命后被一一削弱，资本主义又回到拉大贫富差距的常态。美国个人所得税的最高税率在里根主政期间从 70%被大幅调降到 28%。等到民主党总统克林顿执政后曾试图调高到接近 40%，但小布什总统上任又将其降低到 35%。此外，在美国，最富裕阶层还可以享有各种为他们量身定制的租税优惠与抵消漏洞政策，因此他们综合所得的实际税率通常不到20%，比一般中等收入家庭还要低。[15]所以才会出现美国首富巴菲特缴税比例还低于他的秘书小姐这样荒谬的景象。

皮凯蒂教授的结论是资本主义是不公平的。这个论点本无新鲜之处，但他用严谨的方法分析了跨越300年的英国、法国与美国统计数据，让左派经济学者长期鼓吹的看法得到坚强支撑，让颂扬自由市场的经济学者气急败坏。

过去30年美国在世界各地推行自由经济秩序，让资本来去自如，追逐最友善的环境与最高的回报，等于在全球打造"赢者通吃的政治"。其结果是，绝大多数国家政府的经济社会职能不断被削弱，税基不断流失，富豪阶层、多国籍企业、投资银行与信评机构等这些跨国精英集团取得支配社会基本游戏规则的至上权力。这样的社会体制正当性正遭遇普遍的质疑，尖锐的社会矛盾已经积累到全面爆发的临界点，有良知的知识分子都在思考替代之道。

美国富豪政治的真相

单单读皮凯蒂教授的书，尚不足以让我们掌握当今西方主流政治经济体制的完整面貌。最好能搭配美国加州大学皮尔逊（Paul Pierson）教授与耶鲁大学哈克（Jacob Hacker）教授在

2011 年出版的《赢者通吃的政治》(*Winner-Take-All Politics*) 一起读。[16]这两位学者强调：并不是所有的资本主义国家，都出现像美国这样严重的贫富不均趋势；美国的问题特别突出，是因为美国政治体制严重失灵，这个体制已经失去了为绝大多数民众谋求福祉的最基本功能。

他们指出：美国 1970 年代以后富者愈富的主因，不是富人比其他人更努力工作，而是他们能够利用自己既有的财富，影响政治决策过程，制定对有钱人有利的游戏规则。这些人因此得到更多经济利益，然后又利用这些资本来强化自己在政治圈的影响力。

美国民主质量出现明显的退化，就是从里根时代开始。在过去 30 年中，美国民主遭遇了“市场基本教义派”与“基督教基本教义派”的双重侵蚀，特别表现在美国共和党内的新保守主义阵营。这两种意识形态推动的激进政治运动，导致社会内部严重价值冲突与政治对立。

当信念冲突愈激烈，政治竞争手段乃日趋下流，选举程序受到操弄，选举结果争议不断。在美国的政治运作过程中，政客高度依赖所谓的“政治顾问”，这批谋士最擅长的是政治包装、形象打造、抹黑对手、操弄选民的情绪、散布假信息、遥控媒体。例如，小布什的首席政治顾问卡尔·罗夫 (Karl Rove)，就是典型人物。美国的民选政治人物最优先考虑的是，如何网罗最专业的政治顾问，而不是思考国家的前途与未来，或花心思去谋求施政绩效。因为这些顾问可以化腐朽为神奇，美化自己，丑化对手，甚至让政治人物不必为自己的无能、失职与贪腐付出代价。

新保守主义在意识形态领域逐步取得主导地位后，在美国社会掀起前所未有的价值冲突与对立，共和党更完全由鼓吹“政府无用、市场万能”的极右派所主导，共和党与民主党的政治妥协空间日益压缩，社会两极对立日益严重。在三权分立以及国会两院制的宪法架构下，政治僵局出现的频率越来越高，不是白宫与国会对抗，就是众院杠上参院。此外，即使在行政部门与立法部门在政策上达成一致时，坚持不让步的少数方还有可能寻求司法体系通过释宪来推翻国会立法。

从 80 年代末开始，美国最高法院就一直为共和党任命的保守派大法官所把持。最高法院不但主动介入公元 2000 年总统大选在佛罗里达的计票争议，让小布什成为“历史上第一位靠五张票当选”的总统[17]，更通过一连串开时代倒车的宪法解释案，为富豪政治打开一道道水闸门。最令人触目惊心的两个案例，分别是 2010 年让“公司法人”也享有美国宪法第一修正案赋予“自然人”的言论自由权，让企业可以无限制地购买广告时段来影响选举结果[18]，以及 2014 年取消有钱人在选举中提供给任何候选人、政党组织和政治行动委员会（PAC，美国企业在“献金法”规范下为特定候选人或政党成立的金援组织）献金金额的上限。[19]

新保守主义的兴起，凸显美国社会的权力结构在过去 20 年发生巨大的变化，这也是导致美国民主质量退化的深层原因，简单来说，就是多元政治步入历史，金权政治登上舞台。代表企业利益的利益集团，在美国社会里取得了前所未有的优势地位，而抗衡企业政治影响力的其他社会力量日益萎缩。

利益团体与游说者占据民主殿堂

最明显的例子，就是工会的政治影响力直下滑落。与西欧相比，美国劳工加入工会的比例原来就不高，最近 30 年更不断下降，从 1983 年的 20.1%下滑至 2012 年的 11.3%。近年来，美国最大的企业雇主，例如沃尔玛（Walmart），都在打压工会的发展。其次，代表企业的游说组织资金之丰沛，令人震惊。举例来说，2011 年企业游说组织的预算是 27 亿美元，是劳工组织的 90 倍。同时，企业的广告支出也驯服了美国的电子传媒，使它们不敢碰触敏感或争议性议题，其主要功能退缩为制播娱乐视讯。在 1980 年代末期，共和党修法大幅松绑传播事业的控股规定，倾向共和党的控股集团开始通过兼并与收购，将美国绝大部分的地方电台与报纸纳入旗下，只剩下少数东岸自由派报纸，还维持对时局的批判力道。

最能代表大企业对美国政治主导力量的，莫过于美国媒体所谓的“六人帮”(Gang of Six)。“六人帮”包括美国制造业协会、商业圆桌会议、独立企业联盟、美国餐饮业协会、美国批发与通路商协会，以及美国商会。这六大工商协会基本上主导操控了美国国会立法议程。

皮尔逊与哈克在其书中深刻地论证，导致美国社会财富高度集中于极少数群体的原因，很大一部分是最富裕阶层操控政治的能力不断上升，通过利益游说、金权政治与操控媒体，他们主导了社会基本游戏规则的重新制定，并将过去维护中产阶级的租税体制、管制规则、保障体制逐一侵蚀，让美国民主逐步沦为“富豪政治”(plutocracy)。美国普林斯顿大学吉伦斯(Martin Gilens)教授与西北大学佩奇(Benjamin Page)教授针对1981年到2002年，美国国会通过的1 779个重要法案进行分析，他们发现利益团体与受雇于企业的国会游说者，才是塑造这些法案最终版本的关键力量，一般民众意见所能发挥的作用微乎其微，而且绝大多数法案的立法方向，都跟民意调查中多数民众的期望背道而驰。他们提出的严谨经验证据，更充分地说明美国政治体制早已丧失民主政治的精髓，而沦为富豪操控的寡头政治。[20]

诺贝尔经济学奖得主斯蒂格利茨(Joseph Stiglitz)更在其《不平等的代价》一书中沉痛地指出：过去30年美国富豪阶层可以通过操纵政治体制以及掌握媒体对社会大众洗脑，让行政部门与国会制定不公平的游戏规则，将社会大众辛勤创造的财富席卷到自己的口袋中。尤其是华尔街贪婪的银行家，他们攫获的庞大财富不是来自对经济的实质贡献，而是来自胆大妄为的欺诈、莽撞嚣张的投机豪赌、巧取豪夺的掠夺性放款，这些无法无天的作为甚至让美国以及全球经济陷入险境。

斯蒂格利茨目睹美国富豪阶层的巧取豪夺，不禁感叹："美国民主早已背离林肯'民有、民治、民享'的理想，实质上美国民主已经变形为'百分之一所有，百分之一所治，百分之一所享'。"[21]过去经常给发展中国家开经济处方的知名经济学家杰弗里·萨克斯（Jeffrey Sachs），也沉痛指出："美国政客已沦为企业的傀儡，而广大选民则被漫天的广告包围和催眠。"[22]

难以跨越的社会阶级鸿沟

以前美国民众可以忍受贫富悬殊，因为他们相信美国社会是机会公平的，个人只要努力就可以晋升到上层。但是这30多年来，所谓乌鸦飞上枝头成凤凰的"美国梦"早已成幻影。美国的富裕阶层不但攫获了绝大部分的经济增长果实，还不断在追逐各种排他性的特权，从子女入学、医疗服务、就业管道到晋升机会，以致社会阶级分化日趋严重，社会流动管道趋于阻塞，贫穷成为世袭。

哈佛大学著名的政治学者帕特南（Robert Putnam）教授在他最新出版的《我们的孩子：陷入危机的美国梦》一书中，通过对比的形式呈现两代普通美国人的人生故事，力图说明阶级和阶层不平等现象已经在21世纪的美国社会达到触目惊心的程度。他生动地描述了美国中下阶层家庭如何陷入由家庭结构破碎、教育机会受限及制造业部门工作岗位大量消失三者交织的恶性循环，让出身寒微的社会底层青年再也难以跨越阶级的藩篱，这个趋势在黑人与西班牙裔群体中特别明显。[23]

帕特南回到他成长的俄亥俄州小镇克林顿埠（Port Clinton），从跟他一起上高中的同学开始，追踪他们及其子女的人生道路，来鲜明对照处于不同社会阶层的两代美国人的人生故事，然后辅之以大量的统计资料和资料佐证。帕特南的结论十分令人感伤。当今的美国年青一代的家庭条件和阶级地位直接决定了他们的人生机遇。他们所身处的家庭氛围、童年教育、成长发育、交友网络以及学校生活等，这些因素叠加在一起，会塑造不同社会阶层出身的美国年轻人的不同的人格发展轨道、最终受教育水平和就业机会，并限制处于底层的青年向上流动的可能性。个人努力在今天已经无法打破这种由家庭背景所决定的社会阶层桎梏，这与半个世纪前（也就是帕特南自己成长的年代）的美国社会相比，有天壤之别。

贫富日益悬殊，不仅背离公平正义的理想，也对美国经济与社会造成实质的伤害。斯蒂格利茨举出大量经验证据显示，贫富差距日益扩大造成的分配不均、教育不均以及贫病交织，在经济上导致生产力降低、效率受损；中产阶级收入停滞不前、家庭负债累累，也必然导致总体消费不足，拖慢经济增长并让宏观经济的不稳定性增加。贫富日益悬殊也严重侵蚀美国社会的社会资本，加深社会对立、疏离与不信任。[24]

美国多数的中产阶级家庭的所得在过去 25 年间停滞不前，而且他们的实质生活水平还不断下降，因为住房、交通、教育与医疗保险的费用不断飙涨。举例而言，美国私立大学的学杂费从 1980 年到 2010 年这 20 年间足足涨了 7 倍有余。2009 年金融危机之后，中等收入家庭的教育费用负担更沉重，因为美国各州普遍削减政府教育预算，公立大学都被迫大幅调涨学费。例如，美国加州四年制公立大学的学杂费从 2007 年到 2013 年短短数年之间涨幅超过 70%。现在美国大学生中 70%都要靠学生贷款才能念完学位，超过 4 000 万大学毕业生背负助学贷款，而多数大学生在毕业多年后都无法还清债务。

也有愈来愈多的美国家庭从中产阶级跌入贫困，连维持温饱都很吃力。盖洛普公司在世界各国调查有多少比例的民众在过去一年中曾经因为缺钱而无法为家人购买所需的食物，调查显示，2006 年在美国有小孩需要抚养的家庭之中，有 13%的家庭有过因缺钱而无法购买所需的食物的经历，到了 2012 年，这个比例增加到 22%，远高于发达国家的平均值。在德国，只有不到 5%的家庭担心没有足够的钱购买食物。很荒谬的是，2012年美国低收入家庭担心挨饿的比例，甚至远高于同一时期的中国大陆。

民主体制失灵的后果

连过去对自由民主体制坚信不疑的福山也开始对美国政治体制的失灵感到十分忧心，他担心美国政治日趋衰败是因为传统的分权与制衡设计已经越来越深化与僵化，在政治两极化的趋势下这个高度分权的体制已经无法表达多数人的利益。[25]现在美国各级政府因为“否决政治”（vetocracy）泛滥而严重拖累效率，而且政治僵局反复出现，新当选的官员想要推动新政或建设寸步难行。美国政治体制的分权与制衡设计，让特殊利益团体或坚持偏执意识形态立场的群体总是可以在决策过程的某个环节找到切入点，然后想办法偷偷塞入自己的“私货”；如果得不到自己想要的结果，就千方百计让新的政策或法案胎死腹中。

一波三折的美国加州高速铁路兴建计划就是最好的写照。从旧金山到洛杉矶这条经济走廊，大众运输需求庞大而两条南北高速公路早已拥挤不堪，兴建一条高速铁路的经济效益十分明显。早在80年代，当时很年轻就当选州长的布朗就曾倡议兴建，但始终无法克服各种阻力，也得不到联邦政府的奥援。

尤其是关于如何筹集所需经费的关键问题，州议会讨论多年，莫衷一是。

直到奥巴马第一任上台后誓言更新美国的陈旧基础设施，洗刷美国铁道交通极其落伍的耻辱，这个胎死腹中的计划才得到生机。2008 年加州民主党人士终于推动高铁公投成功，让州政府获得授权可以举债筹集经费，并成立高铁管理局，正式启动兴建计划。但是这些年来工程进度只能以蜗牛速度推进，因为在路线选址、土地征收、沿途设站、环境冲击评估以及财务规划这些议题上，州政府必须与无数多的利益团体协调与沟通。现在奥巴马快要两届任满还看不到全线动工的影子，预估要到 2029 年才有可能启用。

目前，最关键的沿途设站问题还悬而未决，所有州议员都坚持高铁要在自己的选区设站。令人担心的是，如果加州高铁管理局无法抵御这些政治压力，这条高速铁路最后会变成走走停停的慢速铁路，不仅让其经济效益大打折扣，甚至无法吸引足够的乘客来搭乘，而造成巨大财务亏损。

类似的基础设施建设困境在美国处处可见。我每次经过纽约都不禁感叹，这个世界金融中心的居民如何能长期忍受如此陈旧不堪的大众运输系统。从纽约来往新泽西州的繁忙通道，从 1957 年林肯隧道第三期扩建竣工后就进入建设冰封期。半个世纪过去了，政府没有兴建任何新的通道来疏解横渡哈得孙河（Hudson River）的巨大交通流量。年复一年，每天拥堵在林肯隧道（以及更老旧的荷兰隧道）入口前的车阵愈排愈长，经常导致曼哈顿岛西区的交通瘫痪。然而纽约与新泽西的财政捉襟见肘，连维修现有的桥梁与隧道都力有未逮，更无能力启动新的建设；何况，共和党人士在意识形态作祟下，即使在联邦政府愿意部分补助的条件下，也都采取非理性态度抵制任何交通建设计划。纽约的超级富豪基本上都尽量留在郊区豪宅内办公，如果必须进城就搭乘私人直升机呼啸从天而降，他们也没有意愿多缴一分钱的税。

根据美国土木工程师学会（ASCE）的评估，美国 59.9 万多座公路桥梁中，高达 1/4 的桥梁结构“有缺陷”或者功能上“落伍陈旧”，急需全面改建或强化结构。而且美国州际高速公路系统基本上都是 50 年代修建，基座与桥梁的寿命都已经逼近使用年限，但目前完全看不出来美国各级政府有能力处理这个棘手问题。相反的，我们看到的是，负责支应全国州际公路维护所需的“联邦公路基金”数度濒临破产，每次国会都是以应急的临时预算让其暂渡难关。美国政治体制失灵的直接后果就是各地基础设施的状况不断恶化，不但严重影响美国民众生活质量，也必然拖累美国经济的竞争力。

民主体制失灵的另外一个明显指标就是财政赤字问题陷入无解。现在联邦政府的举债余额已经超过美国 GDP 的 100%，而战后婴儿潮一代人正要进入退休高峰期，接下来社会保险的退休给付以及联邦老人医疗补助支出将迅速膨胀，必导致美国财政结构恶化问题雪上加霜。现在，美国政府可以用很低的利率举新债，美国经济也可以长期承受巨额贸易赤字，主要是亚洲国家仍愿意大量持有美元作为储蓄货币，而亚洲美元又源源不断回流到美国购买国债。这个金融脐带一旦流量萎缩，将引爆所有隐藏在美元霸权地毯下的经济地雷。

1990 年代初，冷战结束与苏联崩解，让里根时代所树立的新自由主义思维成为引领人类社会的主流价值，美国人对自己制度优越性的骄傲也达于顶峰。但表面的风光掩盖不了政治体制失灵的本质。其实，冷战结束后的这 20 多年，美国的经济正一步步陷入泡沫经济的陷阱，不断靠美联储的超低利率来支撑繁荣的表象。这段期间美国的高生活水平，以及每年 3%～4%的经济增长率，很大一部分是靠海外转包生产以及虚拟财富，也就是靠中国与印度的廉价劳力以及金融资产泡沫。美国需要股市与房地产泡沫、向未来透支，以及不断向国外借贷来支撑繁荣。这个结构性的经济失衡问题，终于在 2008 年“次贷危机”发生后全面爆发。[26]

深入分析这场金融危机爆发的前因后果，美国政治体制失灵的问题更为凸显。过去 30 年美国主导的金融全球化，等于在纵容华尔街巨鳄在全球经营“老鼠会经济”（Ponzi economy），其滋生的暴利早已通过分红落入金融资本家口袋，而泡沫破裂后的巨大社会成本，却是由所有纳税人以及所有参与实体经济的人买单。在危机之后，奥巴马的财经团队基本上还是受制于华尔街利益集团，他们所采纳的金融体制改革方案，最后在利益集团的强力运作下虎头蛇尾，无法有效拔除全球金融体系系统性危机的隐患。[27]

另一方面，美国政府不得不动用天文数字的金融重整特别预算，来无限制收购华尔街投资机构手上的“有毒资产”（toxic assets，主要是无法交割的衍生性金融产品），避免金融体系的全面崩解，也让制造金融危机的投机者全身而退。美联储为此也不得不陆续推出量化宽松（quantitative easing）政策，无限制地向金融体系灌注美元，而这些新增的流动货币纷纷溢出美国国境，在全球各地继续助长资产价格泡沫。

被“反恐”绑架的“民主”

美国民主质量退化的第三个明显指标，就是酬庸政治与裙带政治大行其道，这不是美国民主的新问题，但从20世纪初期以来，还没有出现过如此荒唐的局面。过去，虽然美国总统有相当大的人事任免权，但还是要重视官员的背景与资历，而且必须经过参议院确认这一关。但最近几年政府官员必须意识形态纯正，党派忠诚无限上纲，操守与能力反而退居次位。最戏剧化的例子，就是因卡特里娜（Katrina）风灾而辞职的美国联邦政府救灾总署署长布朗（Michael Brown），这个重要的位子居然是由一个完全没有行政能力的人充任。布朗在出任联邦要职之前，唯一的资历是俄克拉何马州阿拉伯赛马协会的会长。他之所以能位居要职，只因为他是小布什 2004 年总统大选竞选总干事的好友。

奥巴马时代类似的例子也屡见不鲜，许多重要的外交职位都是由他的选战功臣或是民主党大金主占据。例如，驻阿根廷大使是奥巴马总统的选举金主，外派前还没去过阿根廷，西班牙语也上不了台面。驻匈牙利大使是贝尔（Colleen Bell）女士，她是肥皂剧《大胆而美丽》（*The Bold and the Beautiful*）的制作人，和外交工作八竿子打不着，但是她捐了 80 万美元给奥巴马，诚意可感。

美国民主质量退化的第四个明显指标，就是美国所宣扬的“人权”与“自由”，在“9·11”事件后严重倒退。过去，美国的法院一直是维护人权、保护少数群体的堡垒。但是，近年来共和党任命很多持强烈保守意识形态的人担任美国联邦法官，让美国联邦法院的判决完全背道而驰。保守意识形态的法官盘踞联邦法院体系，对于言论自由的范围进行压缩，放任国家机关对个人隐私进行监控。

近几年，美国几个大报记者披露政府几个密件，被美国法院以维护国家安全的名义要求交代消息来源，否则将遭遇牢狱之灾。这种判例在 20 世纪 70 年代的美国根本不可能想象，否则“水门事件”的结局会很不一样。从小布什总统开始，美国政府以“反恐战争”为名，打造美国式警察国家，国土安全部对于电话与邮件进行全面监控，并任意发布警示制造大众惶恐；执法机关可以不经法院审讯，直接对可疑人士进行盘查与拘禁，并在全球各地设置秘密监禁场所并动用酷刑。

小布什的政策奥巴马多数萧规曹随，2013 年斯诺登（Edward Snowden）揭露的监听内幕，实在令世人震惊不已。美国国家安全局对全球网络与移动通信进行铺天盖地的监控，连美国最亲密盟友的政治领袖也不放过。普林斯顿大学著名的政治理论教授沃林（Sheldon S. Wolin）曾在“9·11”之后不久警示美国民众：“某种类型的法西斯主义，正在取代我们的民主。”真是一语成谶。[28]

劣质民主散播全球

在美国社会意识形态领域取得主导地位的新保守主义，还积极将这种围绕全球资本主义逻辑运作的“变形民主”与“变形市场”推销到全世界，并试图将这种赋予跨国资本无上权力的宰制结构永久化。美国的民主本身就是这场新保守主义革命的受害者，社会两极对立日益严重，民主程序遭扭曲，劳工与中产阶级的政治影响力被大幅压缩。而美国民主政治质量的退化具有感染性，成为全球民主质量退化的最大传染源。

这对所有新兴民主国家而言都是一个巨大的陷阱。一方面，在意识形态领域民主被树立为普世价值、唯一的选项(the only game in town)；另一方面，美国的这种变形民主又被普遍模仿，而且在模仿过程中经常是变本加厉，其结果是让多数新兴民主国家陷入劣质民主的困境，如果劣质民主的源头仍在进行错误示范，其他国家的民主体制就更难产生自我矫正的改革动能，人民只能逆来顺受民主包装下的恶质政治，因为民主似乎无可替代。

在许多第三波民主国家，从东欧到拉丁美洲，民选政治人物为了选票，挑动选民情绪，政权变成职位分赃体系，贪污腐化横行；为掩饰执政缺失，刻意操弄认同、宗教与族群议题，制造仇恨、两极对立与社会裂解，甚至引发种族暴动。在许多新兴民主国家，争夺执政地位与维护党派利益压倒一切，宪法的权威遭到践踏，选举过程遭到扭曲，司法沦为政治斗争工具。

民选政治人物的决策也普遍倾向短期回报，为了眼前的利益交换与可分配资源极大化，而向未来世代借贷，最后必然导致财政结构恶化或外债高筑。此外，这些多半属于后殖民社会的第三世界地区，国家体制原本就发育不全，党派间的恶性竞争就更加削弱国家机构的治理机能、独立性与公平性，剥夺了人民享有良好治理的可能性。

此外，许多转型社会的民主化与市场化同步推进，带来严重的国有资产被掠夺与社会分配两极化问题。1990 年代的民主化，是伴随着市场体制改革而来。经济与政治是自由秩序的一体两面，在经济层面，也出现了很多百姓愤怒的现象。俄罗斯 1990 年代的“市场改革”，导致极少数人鲸吞全民资产，进行一场历史上罕见的大规模财富重新分配，至少有 4 000 亿美元的资金被席卷到国外。这些攫取国有资产的大亨，用低廉的价格把资产卖给跨国企业，现金则通过地下管道拼命移往海外。在英国，不少上亿美元的古堡豪宅，甚至连英国的职业足球队，也被俄罗斯大亨买走。这些流亡海外的资金，是全体俄罗斯人民几十年来辛勤劳动的结果。从社会层面来看，“市场改革”把俄罗斯打回到几乎比第三世界国家还落后的状态。由于医疗保障体系崩解，再加上俄罗斯中年人大量失业带来的酗酒问题，男性平均寿命剧降十岁，仿佛回到第二次世界大战时期。

金融全球化给世界带来灾难

拉丁美洲国家，在“华盛顿共识”指导原则下进行的所谓“自由化改革”，让原本严重的贫富差距问题，在经济增长与开放过程中更加恶化，阶级流动性下降，立足点愈来愈不平等。同时，大多数中南美洲国家的民主体制，无法抑制贪污横行的问题，纽约、迈阿密和休斯敦成为众多拉丁美洲权贵子弟的汇聚地，纽约中央公园旁和迈阿密海滩边动辄六七百万美元的豪宅里，住户邻居们讲的都是西班牙语，这些都是拉丁美洲成群轮番执政政客的亲属。

拉丁美洲的民选政府，普遍无力解决这些国家面临的严峻经济社会问题，导致许多民众对民主政体失去信心。根据“拉丁美洲民主动态调查”2003年的资料，这个地区有53%的公民同意“只要能解决经济问题，不在乎一个不民主的政府上台”，在巴西、墨西哥、秘鲁等国，同意这个看法的受访者分别占65%、63%与57%。

由于全球化无法真正改善拉丁美洲弱势群体的经济处境，他们更经常面临国际经济波动带来的冲击，大部分拉丁美洲国家的政治精英开始反思自由主义神话，同时改变政策走向。“华盛顿共识”遭遇到全面批判，从阿根廷、巴西、智利到玻利维亚，大多数执行新自由主义的右派政府都失去政权，被左倾政党所取代。在委内瑞拉查韦斯政府的带头下，部分拉丁美洲国家开始公开抵制美国推动的“美洲共同市场”架构。

经济全球化的过程，也让东亚地区的劳工与农民团体面临前所未有的生存压力，东亚新兴工业化国家原来引以自傲的“均富”分配结构，也开始迅速褪色。过去若干年，大多数中低收入家庭的实质所得，不是倒退就是停滞不前。同时，在金融危机后，东亚国家开始意识到无节制的金融全球化所带来的巨大风险，也体认到今日国际经济秩序十分偏颇，完全以美国狭隘的国家利益为中心，甚至完全以华尔街金融资本家的利益为中心，管制热钱流窜的全球机制严重不足。亚洲金融危机之后，亚洲国家开始积极建构区域性的政策协调机制与换汇协议，来防堵国际金融与汇率风暴的肆虐。[29]

以上所描绘的民主化与市场化困境，虽然每个国家面对的具体情况不尽相同，但背后的基本故事都是一样。冷战结束后，在新保守主义意识形态指导下所打造的新全球秩序，让“民主”与“市场”双双成为全球资本主义的俘虏，两者都围绕着全球资本主义的逻辑而运作。

全球民主化退潮

美国《民主季刊》（*Journal of Democracy*）主编戴蒙德（Larry Diamond）教授2008年在《外交事务》（*Foreign Affairs*）双月刊发表的文章，首度提出全球进入民主萧条期（democratic recession）的警告。[30]

这位长期研究民主化问题的重量级学者提醒读者，在很多新兴民主国家民主政治正处于不进则退的状态，民主愈来愈退化为一种表象；人民必须忍受各种形态的劣质治理，许多国家的司法机构与军队滥权，许多寡头精英通过民主程序完成权力独占，这些偏离民主法治常态的现象非常普遍。许多新兴民主国家可能还勉强维持民主的门面，但民主的内涵很大程度上已经被腐蚀。他也指出，不少第三波民主国家支持民主体制的社会土壤十分脆弱，民主体制随时有可能出现倒退甚或崩解。

随后的发展，真的不幸被我的好朋友戴蒙德言中。现在回头来看，2010 年底开始陆续涌现的“阿拉伯之春”，犹如昙花一现。从 2013 年开始，开罗、基辅到曼谷，这些新兴民主体制一个接着一个在世人眼前土崩瓦解，这对大多数人而言是非常陌生的历史场景，因为过去 30 年里最常出现的历史变局，都是威权体制被众人推倒、民主为百姓迎立的画面。

虽然大规模的民主体制崩解曾经在 20 世纪的 20 年代以及 60 年代集中爆发过，但这段历史距离我们已经十分遥远。如今，触目惊心的民主宪政崩解场景，从埃及、乌克兰蔓延到邻近的泰国，这些警讯实时提醒着我们，不能将民主体制的长久存续视为理所当然。

从民主发展的历史来看，代议民主体制的落地生根需要合宜的文化与社会土壤，需要代表不同群体的精英分子共同维护核心价值，需要友善的国际体系为民主提供宽松的环境，甚至还需要共同的外部敌人来凝聚社会，这些条件并非俯拾即是。从全球历史来看，上个世纪的最后 20 年是民主体制扩散的黄金年代，但进入新世纪以后就进入民主衰退期。很多人并不察觉这个趋势，因为在过去十几年，更常出现渐进式民主倒退，而非戏剧性民主崩解。例如，在前苏联的范围内，除了波罗的海三小国外，从白俄罗斯到中亚，绝大多数新兴独立国家都出现民主倒退现象，普京在俄罗斯打造的强人政治就是典型。

菲律宾的民主就像一场戏

在很多第三波民主国家民主政治就像一场戏，这些国家的政治精英为了迎合西方主流价值的要求，就树立起一个民主选举的门面，好像搭起一个戏台，按照民主选举剧本演出，然后宣称自己是民主国家，宣称如此产生的总统或政府有民主正当性。在我们邻近的菲律宾与柬埔寨，民主可以说就是唱给西方国家看的一场假戏，选举程序充满着舞弊、欺骗与暴力，只是为少数垄断政治的家族或独裁者披上“合法”的外衣。

研究民主化的学者，通常将只有定期选举机制而缺乏许多其他宪政民主必备要素（例如法治、分权与制衡、人权保障、独立新闻媒体等）的这些所谓的“民主”称为“选举式民主”(electoral democracy)。这种体制是非常狭隘的、很表象的民主，还够不上是“自由民主”或“宪政民主”。不过，即使要符合“选举式民主”的定义，起码选举本身也要有竞争性，选举过程是开放与公平的。然而有些亚洲所谓的“民主”国家连这最起码的要求都达不到。像菲律宾以往的选举投开票过程根本是暗箱操作，总统选举的开票过程长达一个月，偏远地区的票是怎么投的，有没有舞弊或胁迫很难确认；全国各地票匦的运送与点收过程也不上轨道，充满了上下其手的各种可能。所以每次大选都一定是争议不断、疑云重重。

若是用“自由民主”的标准来衡量像菲律宾这样的国家有多少民主的实质，就更可疑了。非常讽刺的是，很多西方国家的政府或媒体基本上都把菲律宾视为一个民主国家，很少探究其实质内涵，也就是说很多西方国家政府也睁只眼闭只眼，乐意配合菲律宾的政治精英演一出民主选举的大戏，至于这个戏台后面真正发生什么事，没有多少人关心。

在菲律宾，乡下地区做票、买票非常普遍，但西方国家政府很少追究；选务机关经常在投开票记录上造假，也没有人追究；军情单位经常滥捕社会抗议运动领袖，然后给他们安上“恐怖分子”的罪名打入黑牢，也没有人追究；很多记者在报道官员贪污与军警刑囚的黑幕之后被职业杀手暗杀，也没有人追究。尽管这类严重扭曲民主基本游戏规则、迫害人权、迫害新闻自由的事件层出不穷，菲律宾仍旧被许多西方国家捧为一个“民主国家”。看来西方国家政府并不在乎像菲律宾这样的第三波民主国家是否只是演出一场民主假戏，只要这些国家基本上实行市场经济、对国际资本开放，以及在战略与外交关系上亲西方，民主的实质内涵就不用太计较，因为认真计较起来大家都很难堪。

如果我们继续追问“民主”究竟给菲律宾人民带来哪些好的改变，是否能给大多数人民兴利除弊，是否能为绝大多数公民的基本权益提供保障，是否能为“良好治理”创造有利的条件，那么菲律宾民主的实际情况偏离这些本质性标准就更远了。从政治权力结构来看，菲律宾的政治（包括总统、国会、省长等）仍旧不脱寡头垄断的基本格局，由地方强人与地主背景出身的政治世家所组成的统治集团仍旧牢牢掌控菲律宾的政治，总统选举不过是这些统治精英间轮流坐庄的权力游戏。土地资源寡头垄断、严重的贫富分化、大规模的隐藏性失业、各级政府贪污横行、公权力机构违法滥权，这些长久存在的问题已经结构化，从来没有因为民主化而改善，反而因为披上民主外衣后，让菲律宾弱势团体的抗议之声更难获得正当性，更难获得国际社会的重视。

如果我们继续追问：这些长期存在的问题在现存的体制下有没有可能改善？诚实的答案是“几乎没有”。如果我们进一步追问：在西方的主流思维框架中有没有思路可以为像菲律宾这样陷入恶质化民主困境的国家指出一条走出陷阱的道路？某些天真的西方学者可能会回答“民主的问题只有靠更多的民主来解决”，或者回答“要靠市民社会团体的改革力量”，或者回答“要先强化法治”，但任何有良心的知识分子都知道，将这些教科书上的答案放置在菲律宾的现实条件下是没有实质意义的，最多只是一种敷衍之词。这种思想上的苍白反映出当前西方主流思想的封闭与贫乏，这是我们这个时代的悲哀。[31]

国家建设比民主建设更关键

我的好友福山，20 多年前提出“历史终结论”，一夕成名。经过多年沉淀，他已经不再高捧民主与市场。他不久之前更出书倡导新思路，大声呼吁 21 世纪国家间竞赛的主轴是国家能力建设。[32]

福山会有这样的思路转变，是因为两个趋势：第一，很多新兴民主国家并没有步上“良好治理”的坦途，反而陷入恶质民主的困境动弹不得；第二，过去 30 多年，在“自由化”、“市场化”与“私有化”的主导思维鞭策下，国家职能不断被削减，逐渐失去增进人民经济福祉与维护社会公平的能力。民主选举产生的政府根本无力回应民众的需求。

福山提出一个简洁有力的口号：“没有优质国家，就没有优质民主。”我可以用一个浅显的例子来说明这个道理。以民主方式产生政府，就好像让一辆巴士上所有的乘客，通过投票选出一位驾驶员。这位驾驶员要负责将巴士驶向多数人想要去的目的地，也要决定如何让大家分担汽油费。

国家机构就是这部巴士，如果巴士的性能好、马力足、耗油少、配备齐，交给任何一位够格的司机掌控，都游刃有余。

一个失败的国家就像引擎出故障的巴士；一个孱弱的国家就像马力不足的巴士。国家机构不健全，无论选出谁来当驾驶员都无能为力。

过去，以美国为首的西方国家，在世界各地推行民主，却忽视国家基础建设，这是非常偏颇而天真的举措，也背离自己的历史经验。殊不知，大多数西方国家在一百多年前引进普选式民主之前，已经建立了比较完备的现代国家机构及其职能，包括常任文官体制、独立司法机构、专业化军队、基础教育体系、现代财税体系、市场监管能力与中央银行等。而许多发展中国家，在引进代议民主时，现代国家机构及其职能都还处于发育不全状态。

最近许多国际开发援助机构已经意识到，国家建设比民主建设更为关键，但也更为艰巨。这些国际组织的工作人员在发展中国家经历了各种失败后终于领悟到，在现代国家机能发育不全的条件下，贸然实施普选式民主，反而可能阻碍国家的能力建设，因为基层公权力机构很容易被宗族势力或地方豪强通过操纵选举而公然据为己有，这个现象在许多实施基层民主实验的中国农村一点也不陌生。从这个角度来看，许多第三波民主本来就是“揠苗助长”的结果，以至于大多数新兴民主国家都注定要长期陷入劣质民主困境，进退两难。

对发展中国家而言，没有健全的国家机构，就不可能有良好的政府治理质量，没有良好的政府治理质量，就很难持续发展经济。瑞典政治学者罗斯坦（Bo Rothstein）所主持的政府质量（Quality of Government）计划建构了全世界最完整的政治、经济与社会发展指标资料库，涵盖107个国家。他的团队长期研究得到的结论是：民主与经济发展没有必然的关系，民主也不一定能够带来优质政府，但优质政府却是成功的经济发展必备的条件。[33]

合法性基础先天脆弱

在许多新兴民主国家，大多数的民众拥抱民主体制，不是基于对自由民主的信仰，而是看上民主的“工具价值”，他们天真地期待民主可以带来良好治理、经济发展与公平正义。如果经过几轮政党轮替，政治体制仍不能有效回应这些需求，民众对民主的支持就会出现动摇。在新兴民主国家，大多数政治精英也并没有将民主宪政内化为自己的核心信仰。他们仅仅将其视为另外一套争夺与分配资源的游戏规则。对他们而言，取得政权就是为了分赃职位、酬庸亲信与攫取资源，为了赢得执政地位，可以违法舞弊，可以无情打击对手，可以制造对立与仇恨，甚至不惜撕裂社会。

还有，不少新兴民主国家无法摆脱被国际强权当做战略棋子的命运，无法享有真正的独立自主。国际强权通过各种手段介入这些国家的内政，扶植自己的利益代理人。如果一个新兴民主国家不幸陷入两强间的角力旋涡，内部政治冲突的激化很难避免，最终必然让民主陪葬。乌克兰就是一个最鲜明的案例。

如果挖掘得更深一点，“第三波民主”还普遍面临两个结构性障碍。第一道结构性障碍，是美国作为积极推动民主的唯一超强，却是劣质民主的最大传染源。这正是我们所处时代一个十分吊诡的现象，美国以世界民主模范自居，却无法提供一个良好治理民主的示范。正因为世界上许多新兴民主国家将美国视为标杆，美国民主质量的退化，就必然具有传染性，必然成为一种全球现象。

新兴民主国家的政治精英以及身边的幕僚，正是从美国政治人物的身上学习各种恶质的政治竞争、民意操弄手段与技巧。美国不仅提供错误示范，还向世界各国输出这些政治伎俩。活跃于美国政坛的政治顾问，更开始大量向其他国家的政治人物提供他们的专业服务，在所有涉及美国战略利益的民主国家大选活动中，都可以看到这群政治魔法师的身影。

更严重的问题是，美国自命为推销民主的急先锋，但经常采取自我矛盾的双重标准。美国积极干预其他国家的政治，在干预的过程中，当然有的时候是从人权民主的角度，但更多的时候是从战略利益出发，也就是说基本上是扶持亲美国家，打击反美政治力量。在这个过程里面，亲美政权就算经常侵犯人权或是靠做票赢得选举，美国也会纵容它；反美力量即使真正符合多数民意的期待上台，美国也会丑化它、制裁它，甚至试图推翻它。这样美国就不可能帮助这些国家的民主走上正轨。

很多中小型的国家都面临这样一个困境，也就是说多党竞争反而提供给外来强权一个干预机会。也因为国内的竞争团体各自有后台老板，它们也更不愿意进行妥协，所以斗争更加剧而且深化社会内部的分裂。这是作为美国战略棋子的大多数中小型国家所面临的另一种民主困境。

民主成为空壳

第三波民主从一开始就被新自由主义意识形态所绑架，过去30年“市场化”与“民主化”结合成一个连体婴儿，这是所有新兴民主国家面临的根本性结构障碍。彻底的市场化、私有化与自由化，意味着劳工群体与中产阶级不可能通过民主机制，改变他们的不对等经济地位，因为全球化不断在加速掏空国家的社会保障与所得再分配职能。受制于全球市场力量与跨国行动者的强大约束，民选政府面对社会里愈来愈严重的贫富分化、税基大量流失、税制严重不公、社会流动停滞，能够着力的地方却非常有限。

这是第三波民主化最讽刺的一面：正因为民主被新自由主

义意识形态架空了，第三波民主化的推进才如此顺利。相对于第一波与第二波民主化，全球第三波民主化平顺得令人惊讶，民主化不但没有遭遇到资本家的任何抵御，反而受到资本家的拥抱；不但没有受到美国的干预，反而获得西方国家普遍的鼓励与奖励。这跟第二波民主化的情景相当不同，在 19 世纪下半叶，当时欧洲工人阶级奋力争取参政权，资本家则拼力抵抗，担心工人阶级可以掌握国会多数重新设定经济利益分配的游戏规则。[34]这也跟 60 年代第二波民主退潮时不同，当时在拉丁美洲由民主程序选出的但具有社会主义倾向的政府，往往遭遇美国的干预或制裁，甚至被美国幕后操纵的军事政变所推翻，像是智利的阿连德（Salvador Allende）政府落得的悲惨下场。

到了 1980 年代末期，经济自由主义的意识形态霸权已经巩固，私有化、市场化、金融全球化的发展已经达到了极致，这个全球层次结构对于自由市场与私有财产的保障已经十分完备而坚实，资本家已经获得最大的跨国行动自由并在设定人类社会生活的基本游戏规则上取得绝对的优势，以“国家”为范畴的民主体制根本威胁不了，也奈何不了他们。

尤其在最近 30 年，经济全球化正一步步掏空“国家机构”，让国家层次的民主政体成为低能的空壳。今日我们所熟悉的“民主”，仍只是一个以“国家”为范畴的政治体制，而全球资本主义体制下的主要权力行使者，却可以跳脱任何单一“国家”的管辖与节制。今日对我们的经济安全、劳动条件、所得分配、信息流通、个人隐私、社会流动、人身安全、环境质量等所有重要的生活面向可以产生巨大影响力的决策者，往往不是选票产生的政府，而是一些几乎完全不受民主机制监督的跨国权力行使主体，例如跨国能源企业、大型媒体集团、制药与医疗集团、军工企业、网络科技集团、跨国商业银行、华尔街投资银行、避险基金、私募基金、信用评级机构、四大会计公司等。控制这些集团的跨国精英排斥任何限制其行动自由与压低其资本回报的全球治理或监管机制；他们还可以左右国际货币基金组织与美联储的观点与政策。绝大多数的西方新闻媒体、智库与评论家，都是在反映与传播他们的政策立场。

也就是说，全球化的资本主义颠覆了国家层级的民主体制的基本目的与职能，经济全球化让国家层次的民主政体成为经济巨人阴影下的政治侏儒。在全球资本主义的宰制下，民主程序产生的政府既无法有效维护公民基本福祉，也乏力回应公民的政策需求。全球化的资本主义让极少数跨国企业精英取得控制国家、支配社会的无比权力。

欧洲国家早已面临这样的困境，所以在过去 30 年试图在更大的范围进行政策协调，推进经济与社会立法的统一，以及货币政策的整合。但由于各国仍相当程度地保有独立主权、各自为政的财政体制与银行监管体制，欧洲各国并无法真正挣脱全球资本主义的束缚与侵蚀，各国政府所能做的，就是尽可能协助弱势团体抵御全球化的社会风险，延缓中产阶级贫穷化现象的蔓延，但没有真正有效的对策。欧洲的跨国企业与金融机构纷纷模仿美国式资本主义的营利模式，以短期股价表现为唯一绩效指标，逐渐背离对自己的员工与当地社会的责任与义务。

就连经济发展质量最佳、劳工权益保障相对完善的德国也无法有效抵御贫富差距不断扩大的趋势。德国平等福利协会（Paritaetischer Wohlfahrtsverband）的报告显示，2013 年德国的 8 000 万人口中，有 1 250 万人落入贫穷之列，这是自 1990 年两德统一以来的最高峰，贫穷问题最严重的是失业与退休群体。平等福利协会负责人施耐德（Ulrich Schneider）感慨道："德国的贫穷情形从未如此严重，区域对立也从未像今天这样严峻。"[35]

西方代议民主成为反思对象

由于政党体制的中介功能逐渐萎缩，在大众媒体与网络媒体发达的时代，政治人物凭借民粹诉求与媒体操作就可以骗取选票，这导致民选政治人物的决策都倾向短期操作，为了眼前的政治利益与可分配资源极大化，他们都选择向未来透支、向子孙借钱，将痛苦的决策隐藏或不断延后，竞相滥开选举支票，其结果是财政结构迅速恶化与外债高筑。

多数选民总是喜欢政客给他们灌迷汤，选民不喜欢听到坏消息，政客也不敢引导选民面对真相，直到问题日积月累，危机一发不可收拾为止。这种选民的短视与政客的投机倾向，即使在成熟的民主国家也很难避免，这是希腊、葡萄牙、爱尔兰、西班牙、意大利等国一一爆发国债危机的主要原因之一。

2008 年起源于美国的金融危机，让美国主导的新自由主义思想面临信用破产，欧洲陷入自第二次世界大战以来前所未见的经济困境，也让西方引以为傲的代议民主蒙上阴影。围绕世代正义与福利国家的尖锐社会冲突，正在肢解大多数欧洲社会的内部共识，欧洲年青一代面对的是一个没有希望的未来，这势将成为滋生社会动乱与偏激政治路线的温床，颇让人担心 1930 年代欧洲政治动乱的历史可能重演。

历史经验告诉我们，民主是相当脆弱的。民主社会里的各种利益集团易同甘但难共苦。过去西欧国家的民主体制可以良好运作，因为大多数西欧国家在世界经济体系内享有绝对的竞争优势，可以轻易地用先进工业产品与奢侈消费品向落后国家换取廉价的能源、原物料与劳力密集商品；这些国家的跨国企业普遍享有产业独占或寡头垄断所带来的超额利润，可以在国内提供高薪就业机会并承担高比率税赋与社会保险费用；西欧各国企业也仍需要倚靠国家力量支撑才能在世界市场上展开角逐，又有来自华约集团的外部安全威胁。现在这些有利于利益集团达成妥协维持阶级和谐的条件一一消失了，许多欧洲国家经济陷入长期停滞，社会共识开始逐步瓦解，接下来就是彼此争夺日益缩小的大饼，以及找寻替罪羔羊。德国魏玛共和崩解的殷鉴不远。

这也意味着，未来西方社会将从非西方世界知识分子景仰的目标，逐渐转换为反思的对象。除了西欧的福利国家体制面临严格检视外，美国所推动的新自由主义模式也必将成为反思的对象。这个流行了 30 年的模式，强调低税收、小政府，相信市场万能与彻底私有化，现在已经走到历史尽头。非西方国家社会精英已经没有可以全盘模仿的普世模式了，必须重新思考如何在市场经济、政府角色、社会正义以及永续发展四者之间找到均衡点。[36]

同样地，西方引以为傲的代议民主也迟早会成为反思的对象。非西方国家社会精英也必须重新思考，如何让民主参与机制能真正确保良好治理与增进社会福祉，如何不让“民治”与“民享”脱钩。西方的知识分子也迟早必须跳脱出“西方中心”的世界观，心平气和地去理解与欣赏非西方文明的丰富历史经验，并以开放的胸襟去探索超越现状的制度创新与体制变革。

资本主义对人类的威胁

美国盛世下的“不太平”，最大隐忧在于美国在“经济自由化”旗帜下推动的资本主义全球扩张，对社会、民主、文化与环境构成了生存威胁。就资本主义对环境的威胁而言，近年来袭击美国新奥尔良的卡特里娜飓风，以及造成美国东岸巨大损失的桑迪（Sandy）飓风，都是不可忽视的警讯。全球暖化问题已经开始让人类面临愈来愈频繁的巨大天灾。人类释放二氧化碳的速率，已经是海洋和陆地吸收速率的三倍。许多科学家都提出警告，全球暖化的效应已开始反噬。按照这样的速率，到21世纪中叶，全世界的森林与渔业资源将会以更快的速度耗竭。

面对如此严重的环境威胁，在小布什总统执政期间，政府与能源产业利益依然紧密挂钩，共和党政府肆意妄为，压制联邦科研机构科学家发布全球暖化问题的科学证据，拒绝签署《京都议定书》，还放宽耗油、能源开发等环保标准。奥巴马总统上任后，虽然积极推动替代能源以及制定减少碳排放的政策，但始终遭遇共和党控制的众议院强烈阻挠。

就资本主义对社会的破坏力而言，它让人类社会面临前所未有的经济风险。世界上所有主要经济体系，都必须将经济活动维持在过度消费与信用扩张的亢奋状态，才能避免世界经济衰退与金融体系的崩解。经济活动一旦紧缩，全球金融市场就会出现巨大的振荡。资本主义全球化让国际金融体系变成了无法驾驭的超级赌场，国家、社区、家庭的经济命脉变成极少数跨国银行、投资机构、对冲基金赌桌上的筹码。

全球化让人类社会失去了驾驭资本主义的破坏力量的能力，因此资本主义在驱动经济增长的同时，也对社会与环境进行前所未有的侵蚀。资本主义的吊诡在于，其“效率”有如双刃利剑：一方面，对追求利润最大化的股东、追求最大物质欲望满足的消费者，以及追求激励技术创新与生产力增长的社会而言，资本主义可能是最有效率的制度；但另一方面，对加速破坏地球环境、掠夺第三世界资源，以及剥削经济弱势团体而言，资本主义也是“最有效率”的制度。

从永续发展的角度来说，资本主义可能是最浪费的制度，因为资本主义的生活方式鼓励贪婪，奖励自私，崇尚占有性个人主义，刺激无止境的物质欲望，刺激没有必要的消费需求，诱导追求人为建构的虚荣价值。在资本主义的资源分配逻辑下，全世界的生产活动主要是满足地球上富裕阶层的物质需求。为了满足少数人无止境的物质欲望，资本主义生产体系不断地将地球上有限的资源，转换成无法再利用的废物。在此同时，全球资本主义却将第三世界国家中的多数人挤压在这个交换体系的边缘位置，他们生活范围内的大多数生产资源都被划归私有，导致这个广大群体无法尽其力、用其物，形成人力资源的巨大浪费。

为何自由民主理想很难落实

全球化的资本主义也打破了“民主”与“市场”之间的均

衡关系。从哈耶克（Friedrich Hayek）以来的古典自由主义多主张，民主是依据公民主权的原则运作，市场是依据消费者主权的原则运作，两者都尊重个人的意志与选择，理论上两者的基本精神是相互呼应的，而且两者都可以达到保障多数人利益、满足多数人需求的目的。

古典自由主义者通常假定，个别的经济行动者与个别的选民都是理性的，最知道自己的利益所在。他们也都深信市场经济最能有效保障个人自由，而最好的市场经济是彻底私有化、充分尊重个人自由选择、独立自主运作、自我调节的市场机制。但是这个理想得以实践的三个前提是：第一，民主与市场的参与者的立足点要大致平等；第二，民主与市场的竞争机制不受扭曲；第三，个别的公民与经济行动者能理性判断，有足够的信息，最知道自己的利益所在。

可是从历史经验来观察，这三个前提在现实环境下经常落空。民主与市场经常变质为“强者恒强、富者愈富”的游戏，民主与市场中的参与者通常在地位、资源、知识上极为不对称，实质上的不平等扭曲了表面上的权利平等。资本家总是企图通过规模经济与联合垄断来追求超额利润，并试图扭曲市场的公平竞争规则；代议民主所提供的选择通常非常局限，形成政党间的联合垄断。此外，消费者或选民的情感、信息与价值，都是可以被操弄的，而且是经常不断地被精致的宰制机制所俘虏。

一般民众，即使形式上拥有平等的政治参与权利，如果缺乏政治组织与意识形态资源，还是很难发挥政治上的作用。所以，一个社会即使形式上具备民主，资本家也可能取得影响国家决策的主导地位，并借此巩固他们在经济交换过程中的支配地位，从而颠覆民主和市场保障平等与维护自由的真谛。

在美国所谓的“新闻自由”也一样受到这个资本家权力支配机制的压制。加拿大有一个社会运动团体为了提倡理性消费与永续发展，教育民众抵御商业广告所鼓励的无止境物质欲望，要发起“Buy Nothing Day”（不购物日）。在2000年，他们募集到足够的资金，想要在美国主流电子媒体上作宣传广告，结果NBC说：“对不起，我们不能播放，因为播放这种影片会得罪我们的广告大户”，ABC也说：“对不起，我们不能播放”，CBS也拒绝，最后他们只能靠网络传播。这说明了美国的电子媒体在资本主义逻辑的制约下没有真正的独立与自由。美国电子媒体的全面娱乐化倾向，乃是这种结构制约下必然的结果。

美国电视很不愿意报道社会的黑暗面或不公正的事物，因为担心影响收视率，影响广告收入。在卡特里娜飓风来袭新奥尔良时，通过电视画面很多美国人吓了一跳，很惊讶地发现自己国家里有这么多穷人住在阴暗的角落，像是第三世界的贫民窟，这些现象当然一直都存在，但是在这场巨灾之前，美国媒体没有兴趣去报道这些社会里非常不幸福的群体，因为主流媒体负责人知道，他们最重要的观众就是住在美国郊区的中上收入的白领阶层，他们白天在职场上忙碌、压力大，回家只想看轻松的节目，不想面对严肃主题。所以弱势群体的权益与社会公平正义的价值，面对媒体的广告收入只能退位。

其实，卡尔·波兰尼（Karl Polanyi）与布罗代尔（Fernand Braudel）对西方资本主义的历史分析早已指出，资本主义不但具有“反民主”的本质，也具有“反市场”的本质，因为资本家为了追逐超额利润，必然设法取得市场独占或寡头垄断地位，或为竞争对手设定各种人为障碍，或收买国会制定偏袒自己的法律与交易规则。要节制资本家违反公平市场交易的倾向，必须为资本主义支配下的市场经济建构有效的平衡、节制与监理机制。缺乏有效管理与民主监督的资本主义，对社会权力结构可以产生巨大的扭曲，反而让多数人失去真正的自由与自主。

英国伊丽莎白女王的大哉问

英国是 2008 年金融海啸中受创最严重的国家之一，为伦敦带来 30 年繁荣的金融服务业，在一夕之间被打回原形。身为英国主权象征以及最高精神领袖的女王伊丽莎白二世，对此感到十分困惑，她在2008年11月莅临伦敦政经学院时，抛出了一个很直率的问题：为何几乎没有经济学家预见这场全球性信用市场崩解的来临?

女王这一大哉问，引发英国经济学界极大的震动。执英国学术界牛耳的英国社会科学院（British Academy）特别在2009年6月17日，召集多位院士级经济学家、国会议员、内阁官员、金融机构与金融监管机构代表举行了一场讨论会，会后由伦敦政经学院的贝斯利（Tim Besley）院士与亨尼西（Peter Hennessy）院士领衔，向白金汉宫递交了一份会议结论，呈请女王陛下御览。

由贝斯利院士领衔执笔的这份报告委婉指出，在金融危机爆发之前已经有一些预警，例如国际清算银行（Bank for International Settlement）以及英格兰银行（Bank of England），都曾经针对全球经济与金融市场的失衡发出警告，并指出金融市场的价格并没有适当地反映风险。不过，他们也承认没有经济学家曾经准确预测这次金融风暴何时会发生，将如何发生，或威力会有多大。

这批首席经济学家认为问题的症结在于：尽管金融机构雇用了具备最好数学头脑的人来负责风险评估与管理，但是他们都只是分析个别金融工具的风险，而忽视了整个市场蕴含的风险。而且他们真的相信通过一系列新颖的金融工具，金融市场的风险可以彻底地分散与化解，这是一厢情愿与自尊自大所导致的结果。简言之，一群非常聪明的人被自己的集体想象所遮蔽，让他们无法理解系统所面临的风险。

这份报告的内容披露之后，一批对主流经济学近 30 年发展趋势颇不以为然的学者非常不满，认为这份报告避重就轻，只将矛头指向金融机构的风险管理能力，而没有将主流经济学家集体失职的真正原因道破。所以他们随后联名上书女王，沉痛地指出过去 30 年主流经济学早已走火入魔，经济学已经成为应用数学，经济学研究与现实世界愈来愈脱节；如果主流经济学不检讨过去走偏锋的学术路线，彻底改变学者的培育与评鉴方式，经济学家的集体失职现象很难获得改善。

他们指出，1991 年美国经济学会曾经在有心人士的敦促下发表一篇报告，检讨美国大学的经济学博士训练方式。当时就提到美国著名经济学系在培育年青一代学者时，都是导引他们钻研艰涩而细微的议题，忽视培育综合性分析的能力，回避对“自由市场”进行批判性思考，并将大量精力用于学习尖端数学工具与统计模型。因此，绝大多数新生代经济学者对于经济史、经济思想、经济制度以及心理学一无所知。当时这篇报告就担心这样的训练导向，将培育出一代“愚笨的卓越学者”(idiot savants)，精于分析工具与抽象理论，但对现实经济十分隔膜。这篇检讨报告后来被束诸高阁，但却不幸言中日后的发展。

被遗忘的历史教训

熟读历史的政治经济学者，都对无节制的全球化资本主义在过去 30 多年的迅速扩张非常忧虑。无节制的全球资本主义，尤其是无节制的跨国金融活动，曾经在第一次世界大战前夕达到高峰，最后以经济大萧条与两次世界大战悲剧落幕。很多人可能都忘记了，宣统年间清政府还在纽约、伦敦、苏黎世等地发行湖广铁路的债券，当时虽然信息技术不发达，但金融全球化已经非常发达。

战后西方国家汲取教训，对于国际贸易与跨国金融活动建立严格的管理机制，来驾驭资本市场对于社会秩序的破坏力量，建构一种约翰·鲁杰（John Ruggie）所称的“镶嵌式自由主义体制”（embedded liberalism）。[37]但 1980 年代以后，历史记忆被人淡忘，自由市场神话再度抬头，在华尔街利益集团的驱使下，美国政府与国际货币基金组织打造了“华盛顿共识”。首度使用这个名词的约翰·威廉森（John Williamson），在 2002 年志得意满地指出，这些政策建议是“十全十美，万无一失的”，因此有必要就此达成共识。过去 20 多年，大多数的西方知识分子都沉浸在“市场万能”的神话里，忘记了卡尔·波兰尼在他《大转型》（*The Great Transformation*）一书中对资本主义发出的历史警语：

> 那个自我调节的自由市场乌托邦是不可能持久的，否则迟早摧毁社会的人与自然之本质，必然摧毁人类并将我们的环境化为荒漠。[38]

当前所有发展中国家都要面对下列这些严峻的课题：第一，如何驾驭全球资本主义的风险与破坏性，控制其两极分化倾向，妥善利用其积极性，让市场与民主、市场与社会、市场与文化、市场与环境间的共生规则得以建立。第二，如何建构维护经济弱势团体权益的政治组织与意识形态，让广大人民可以真正利用民主参与及监督机制，维护其生存与发展的权利，并让社会各阶级与集团间维持权力平衡。第三，如何提升国家机构的各项重要治理能力，管理市场秩序，监理公司治理，保障公民的社会经济权利，进行财政移转与二次分配，强化内部监控，防止违法滥权，确立官僚体系维护公共福祉的价值导向。

在回应这些严肃的课题上，过去一些欧洲国家，比如瑞典、法国等，有些不错的经验可以学习，但现在欧陆国家原有的、调和阶级矛盾与节制资本主义的核心价值与重要制度安排，包括民主社会主义，统合主义机制下的劳资协商，以及多党合作的共识型民主等，在美国式资本主义的竞争压力下欲振乏力。这意味着，任何国家要凭一己之力回应这样的严峻课题并不容易。

容易被美国霸权与跨国企业操弄与支配的中小型国家，更难自主选择社会发展模式。中小规模的新兴民主国家，更容易掉落“分而治之”的陷阱。因此，只有达到一定经济规模或掌控战略性资源（例如石油）并具备较高政治统合能力的国家，才有机会走自己的道路，并扶助其他国家摆脱外部制约。像中国、印度这样体量庞大、人口众多的国家，有机会走自己的道路；而且它们也只可能根据自己的国情与历史条件走自己的道路。如果中国与印度都步上美国式资本主义后尘，人类的前途将十分黯淡。

很明显，国家层次的民主已经不能适应人类发展的需要，亟须在全球层次建立新的民主机制。要有效回应上述的严峻课题，发展中国家必须通过集体的力量，试图在全球层次建立民主治理机制，让所有利害与共的群体都有机会参与全球事务的管理，才能彻底控制资本主义的风险与破坏性，才能有效驾驭全球资本主义的两极分化倾向，才能全面建构市场与社会、文化、环境共生的规则。也只有用全球范围的民主管理机制，才能改造当前全球权力运作场域的不合理宰制关系，让主导信息、知识、意识形态生产的机构回应人类社会多数人的生存发展需求。跨国媒体集团、信息科技王国、华尔街投资银行、避险基金、信用评级机构、大学与智库、大会计公司、国际货币基金组织、美国联邦储备委员会等全球资本主义体制内权力行使的主体，尤其应该受到民主监督。建构全球民主管理机制，公民社会组织与弱势团体的跨国联结与动员，发展维护第三世界广大人民生存权利的全球公共论述——这三件工作，必须协同并进，密不可分。

第三篇

美国霸权的衰落

2009年12月7日出刊的美国《时代》（*Times*）杂志，以“地狱十年”（The Decade from Hell）为封面故事，对21世纪第一个十年做了回顾，认为这是一个不堪回首的十年。这是以“9·11”事件开场、以金融危机结束的十年，也是美国人自二战以来度过的最灰心、最幻灭的十年。

《时代》杂志的分析认为，美国遭逢噩耗连连的十年，不能归咎于运气特别糟糕，而是咎由自取。它沉痛地指出问题症结在于：美国马虎轻敌、贪得无厌、自私自利、玩忽职守。不过，在文章的结尾，它还是帮美国打气，强调如果美国人民能记住这些教训，那下一个十年应当好得多。

对于美国“地狱十年”的剖析，《时代》杂志表现出高度的自责与反省态度，在美国主流媒体中十分难能可贵。但是它的评论并未能深入探究病征的根源，依旧是隔靴搔痒。

在后冷战时期的开端，美国的国力与全球影响力达到历史的顶峰，但也从此呈现盛极而衰的长期颓势。导致美国步入长期衰退的最重要症结在于，美国人所最自豪的民主体制出现了严重的失灵与退化趋势。美国的民主体制不但不能帮助社会凝聚共识，引导社会精英与民众务实地回应美国所面临的各种重大挑战，相反地，美国的民主体制让社会陷入三重政治陷阱，而且愈陷愈深，难以自拔。

第一重陷阱，是政治人物不断利用意识形态制造虚假议题，作为切割选民的手段。政治人物炒作限制堕胎、禁止同性恋婚姻、学校教授演化论等涉及价值冲突的议题，不但引发社会内部严重的对立，而且导致选举竞争的手段日趋下流。

第二重陷阱，是政治人物竞相讨好个别选民群体，不断催眠民众，不敢让美国民众诚实面对基础设施老旧、科技竞争力流失、经济竞争力下滑、财政寅吃卯粮，以及社会流动停滞这些真正的难题。

第三重陷阱，是美国的政治体制让特殊利益集团很容易渗透决策过程，并在两党内扶持利益代理人。这些特殊利益集团在它们最关注的议题领域，具有凌驾国家利益以及社会福祉的庞大影响力。例如，国防工业集团可以影响军事采购预算，犹太人的游说团体可以完全左右中东政策，华尔街可以让财政部与金融监管机构成为它们的囊中之物，保险公司、医疗集团与大药厂可以瓜分庞大的医疗支出，汽车、石油与公用事业集团可以严重拖累发展替代能源与低碳经济的速度。

美国的社会精英如果无法正视自身民主体制失灵与退化的问题，下一个十年也很难摆脱噩耗连连的命运。

美国单极体系的式微

冷战结束后，以美国为核心的单极体系为什么维持了不到20年？美国作为唯一超强的局面为什么没有办法持盈保泰？从近因来看，“9·11”事件和美国进军伊拉克发动战争当然加速了整体的颓势，而2007年爆发的“次贷危机”更可能是压垮骆驼的最后一根稻草。从远因来看，导致美国单极体系迅速陨落的原因可以归纳成下列四点：第一，美国的经济竞争力跟其他国家的差距不断在缩小，尤其科技领先程度和产业竞争力保持优势的领域愈来愈少。第二，经济结构的长期失衡，导致美元霸权地位摇摇欲坠，美元币值信用已经成为威胁全球经济体系稳定的不定时炸弹。第三，美国陷入帝国过度扩张的困境，世界警察角色的自我膨胀，驱使美国试图在世界所有地区支配安全秩序，但其财政资源与国内政治支持基础都无法支撑这种无止境的扩张。第四，美国“软实力”正在消退，它的独断专行使其在许多国际组织与多边体制内不再享有领导威信。金融危机之后，美国资本主义与政治模式不再具有吸引力，更无法独占国际社会的话语权。

美国从1980年代中期开始，出现了所谓“新经济”，标榜网络科技创新，劳动生产力不断提高，以及低通货膨胀与低利率构成的稳定宏观经济环境，现在回头来看，很大程度上是一个幻影。真实的情况是，这20年来美国的出口结构不断恶化，出口原物料的比重不断上升，金融服务业成为服务业贸易的主干，进口高科技产品与生产设备的比例不断下降。这意味着美国与新兴市场国家在经济竞争力上的差距不断缩小，产业空洞化的趋势早已积重难返。

从1980年代中期到2007年"次贷危机"爆发的这20年里，美国的高生活水平以及每年3%～4%的经济增长率，其实很大一部分是源于海外转包生产以及虚拟财富，也就是靠中国与印度的廉价劳力与廉价商品，以及靠金融资产泡沫与消费信用膨胀。美国需要资产泡沫、向未来透支，以及不断向国外借贷来支撑自己的繁荣。

从1985年开始，美国就由净债权国变为净债务国。到了2007年，外国机构与个人对美国的净债权总额，已经超过美国的经济规模。美国私人部门的整体负债，也从1978年GDP的118%，增加到2008年的290%。美国联邦政府的负债总额，在2007年底就已经达到了GDP的65.5%，经过了2008年的金融危机之后，联邦负债更是直线上升，到2013年第四季，已经突破GDP的100%大关。[39]

然而，这个数字还不能反映美国国债真正的规模，根据彼得森国际经济研究所执行长戴维·沃克（David Walker）的估计，如果将美国政府的各种隐形负债（例如对国民社会保险以及退伍军人抚恤的支付义务）累加起来，到 2008 年 9 月雷曼兄弟倒闭，美国金融危机急速恶化前，已经高达 53 万亿美元，接近 2007 年全球 GDP 54.3 万亿美元的规模。[40]所以说到了今天，美国的三大赤字：国债、贸易和私人借债赤字总量都已经逼近极限，难以为继。

美元霸权地位摇摇欲坠

美国经济结构的长期失衡，也导致美元霸权地位摇摇欲坠，成为加速美国单极体系式微的一个重要因子。长期以来，美国一直未能遵守国际储备货币发行国应有的财政纪律与宏观经济均衡；相反地，美国经常为了稀释债务或支付国外军事行动费用，滥用其铸币特权。最近十年，美国涣散的金融监管与松弛的财政纪律，让美元币值信用成为威胁全球经济体系的不定时炸弹。美国次贷危机引发全球金融风暴，终于激发世界各国倡议建立新的超主权国际储备货币，意图彻底打破美元的独占地位。

2008 年金融危机爆发后，联合国大会成立的“国际货币及金融体系改革委员会”提出了一系列相当激进的改革建议。这个委员会的专家小组主席，是由斯蒂格利茨出任，他一向认为国际货币基金组织在处理亚洲金融危机时严重失职，导致亚洲国家在过去十年间大量囤积外汇，并加速了全球经济的结构性失衡。

斯蒂格利茨主张中国与其他新兴经济体，要积极回应欧美所提国际货币基金组织增资的要求，它们应该考虑在国际货币基金组织架构外，成立一个新的国际货币储备体系。在此之前，它们可以先扩大区域性的货币基金，例如《清迈协议》所倡导建立的亚洲区域外汇储备基金，或是由委内瑞拉等七个南美洲国家组成的“拉丁美洲外汇储备基金”（FLAR），或是金砖五国推出的金砖储备基金，让这些区域性机制发挥短期融资与稳定区域金融的功能。这些大胆的提议现在纷纷出笼，因为许多国家都意识到，美国已经不再是一个负责任的全球经济管理者，必须建立一套新的机制来平衡美国滥用其铸币特权。

长期看来，美国更需要担心的，是另外两股来势汹汹的挑战。第一，委内瑞拉、巴西、俄罗斯、伊朗等主要石油出口国，不断在推动放弃以美元为石油计价单位，它们仍在设法说服波斯湾国家，商谈改用“一篮子货币”的替代方案。由于石油交易约占世界贸易总额的十分之一，一旦用其他货币取代美元，那么石油进口国就会大幅降低美元储备，其对美元地位冲击之大难以想象。所以美国紧紧拉着沙特阿拉伯不放，因为一旦这颗战略棋子易帜，后果不堪设想。

第二，北京已经决心推动人民币的国际化。从 2010 年到 2013 年，中国人民银行先后跟韩国、马来西亚、印度尼西亚、阿根廷、白俄罗斯、巴西、英国、瑞士等 23 个国家签署货币互换协议，总金额达 3 万亿人民币。现在，香港、新加坡、伦敦、苏黎世等国际金融中心，都争相成为境外人民币结算中心，以及人民币国债交易市场。在中国资本账户自由流动逐渐放宽的前提下，随着境外人民币国债市场的流动性与规模逐渐扩大，以及中国在世界贸易体系中的地位不断上升，人民币迟早将成为各国中央银行必备的储备货币。

这几年来人民币结算的双边贸易总量快速增加，从 2008 年新政策推出，到 2012 年，在短短 4 年内，规模已经达到 2.97 万亿人民币；到了 2013 年，跨境贸易人民币结算的总量更快速累计为 5.16 万亿。到 2013 年底，人民币在全球外汇市场交易量已达第 3 位，仅次于美元与欧元。目前，已经陆续有菲律宾、俄罗斯、韩国等国家央行正式增列人民币为储备货币，这个趋势在亚洲将加速形成。

总之，2008 年金融危机对美元地位的影响，是短多而长空。在金融海啸的高峰期，由于美国金融机构从世界各地抽回资金，以及国际游资选择美国国债市场作为避风港，表面上看来美元在国际收支体系里的主导地位未受影响，美国还是可以用很低的利息向世界各国融资。但长期而言，美元作为主导性储备货币的信任危机已经出现。包括联合国在内的许多国际组织与智库所发表的分析报告，都将世界经济结构性失衡，以及金融体系不稳定的症结，指向当前国际货币体系的根本性缺陷。金融危机之后，美国联邦储备委员会向市场无限量供给美元，再加上美国的贸易逆差并无收缩的迹象，联邦政府的财政赤字仍在持续扩大，这迟早会危及美国币值的信用，加速国际货币秩序向多种储备货币体系转型。

软实力大幅消退

在全球意识形态领域，美国已经无法独占话语权。美国模式不再具有吸引力，美国民主体制已经沦为富豪政治，所谓麻雀变凤凰的“美国梦”更成幻影；美国教育体系的开放性与公平性普遍不足，社会阶层流动出现停滞状态，富者恒富、中产趋贫、贫者更贫的问题比欧洲国家更为严重。

现在各国的有识之士都逐渐认识到，过去 30 年美国在经济自由化、全球化旗帜下所推动的资本主义全球扩张，并未带来共同富裕的美好愿望；相反地，资本主义的扩张加速所有社会内部的财富重新分配，加剧市场经济对弱势团体的边缘化效应，撕裂社会内部的凝聚力，更让国家机构维护公共福祉的能力严重退化。同时，地球暖化已经成为人类社会不得不面对的生存威胁，极端气候带来的巨大灾变在世界各地肆虐，成为落后国家社会与政治稳定的最大风险。

小布什政府的“单边主义”，更让美国的软实力大幅消退，全球领导地位的道德基础受到严重的打击；美国要保护其利益，更必须倚赖军事投射力量。美国的国际威信跌落谷底，另外一个重要原因是美国的作为，处处显露出自己是一个“不负责任的霸权”。美国人放纵自己的高耗能生活方式，美国是西方国家中唯一拒绝加入《京都议定书》的大国，等于昭告世人美国不愿负起责任来维护后代子孙的生存环境。

美国人向全世界大量举债消费，拒绝遵守世界储备货币发行国应有之财政纪律，对保持全球经济体系之均衡稳定而言，也是不负责任的一种态度。美国人向全球推销金融自由化，拒绝对衍生性金融商品以及热钱流动建立国际监管机制，对于全球金融体系的风险控管更是不负责任。美国人动不动就向贸易伙伴祭出“301”条款，片面对其他国家进行贸易报复，对维护全球自由贸易体系而言，也是不负责任的做法。

奥巴马上台后试图挽回美国的国际信誉，更重视与盟国的协商以及联合国体制的地位与功能，但是并未改变美国在国际社会独断专行的本性。尤其是美国国会弥漫着“美国例外主义”（American Exceptionalism），所有行政部门已经承诺的现行国际多边体制改革方案，到了国会都遭遇搁置的命运。例如有关调整国际货币基金组织特别提款权的分配比例，让中国、印度与巴西等新兴市场国家适度增加认股权重，自 2009 年二十国集团（G20）高峰会达成协议后，在美国国会躺了 4 年尚无动静。

帝国过度扩张

在单极体系下，国际警察角色的自我膨胀，以及倾向将国家安全利益无限延伸，终于让美国陷入了左支右绌的困境，也就是耶鲁大学肯尼迪（Paul Kennedy）教授与加州大学查莫斯·约翰逊（Chalmers Johnson）教授所说的“帝国过度扩张”（imperial overreach）。[41]美国在全球 63 个国家设置 737 个海外军事基地，试图支配所有地区的安全结构与秩序，并对它未来所有潜在的竞争对手做严密的围堵与防范，尤其是对俄罗斯和中国进行安全战略围堵。这种无限度的扩张，最后必然导致备多力分，到一个临界点，就会出现捉襟见肘，并引发其战略对手伺机反弹。[42]

现在看来，美国的财政资源与国内的政治支持的基础，都不足以支撑这种无止境的全球围堵政策。例如，美国把北大西洋公约组织逐渐往东扩，把前社会主义国家的中东欧国家都纳进来，而且准备在包括波兰、捷克等国家，布置反导弹防御体系，这就逼近了俄罗斯忍让的极限，导致俄罗斯在军事战略上全面性地反弹，正式与美国摊牌。

2008 年 8 月 8 日，就在全球政治领袖集聚北京观看奥运之际，俄罗斯以迅雷不及掩耳之势，将格鲁吉亚军队逐出南奥塞梯（South Ossetia）地区，而且重创格鲁吉亚的军事力量，重新确立俄罗斯对格鲁吉亚境内亲俄省份的主控权。这个事件是欧洲战略格局的历史转折点，也意味着俄罗斯与西方国家的关系即将告别“后冷战时期”。俄罗斯冒着与美国全面翻脸的风险，毅然挥军南下，绝非一时冲动之举，而是经过审慎的战略评估与决断。这个事件等于是俄罗斯向全世界宣告：经过多年的隐忍，莫斯科已经准备好对美国的战略围堵进行全面的反击。这是俄罗斯启动全球反围堵战略的起身炮。自从苏联瓦解之后，俄罗斯长期陷入经济结构转型的困境，综合国力一落千丈，尽管仍拥有世界最多的核弹头，但过去十几年完全没有能力与美国进行战略对抗。美国也趁着俄罗斯积弱不振之际，大举压缩俄罗斯的战略纵深，这几年美国的战略前进部署已经推进到俄罗斯边境。

美国通过北约组织的东扩，已经将绝大多数东欧国家都收编为华府的军事战略盟友，而且积极在独联体内策动“颜色革命”，推翻亲俄政权。美国还准备在波兰与捷克部署反导弹系统，引发俄罗斯的强烈反弹。尤其当 2008 年 7 月 8 日美国与捷克签署了建立反导弹雷达预警基地的协议后，俄罗斯更多次发出警告：一旦这个协议正式生效，它绝对会采取反制行动。不过，华府并没有将莫斯科的警告当一回事，反而在伊朗试射导弹后加速了部署反导弹系统的脚步，终于将俄罗斯逼到墙角。

但此时俄罗斯已非叶利钦时代的吴下阿蒙。俄罗斯不但仍拥有强大的传统武力，而且经过十年经济实力的恢复，国库与外汇储备日渐丰厚，并与中国、中亚及中东地区以及拉丁美洲的新兴经济体建立了密切的经贸合作及战略伙伴关系；俄罗斯更是西欧国家所仰赖的天然气供应源头。反观美国，2008 年华府正处在一个比较困窘的阶段，美国大军仍深陷伊拉克与阿富汗，国际声望跌落谷底，国内正爆发 70 多年来所仅见之次贷危机。俄罗斯正好以其人之道还治其人之身。

为何普京敢放手一搏

历史上拿破仑入侵俄国、希特勒入侵苏联，都是从乌克兰平原长驱直入，所以乌克兰可以说是俄罗斯抵制北约东扩的最后屏障，当这个与俄罗斯历史渊源最深的前苏联自治共和国也开始倒向西欧时，等 2014 年 2 月冬季奥运会一结束，普京就毫不犹豫地再度进行反扑，将克里米亚半岛以及东乌克兰的亲俄地区牢牢纳入莫斯科的掌控。

为何普京敢冒险放手一搏？难道他完全不在乎美国与西欧对俄罗斯进行外交报复、经济制裁甚或军事反制吗？最直接的答案是，普京已经摸透美国的底牌，也看穿西欧政客的伪善。

首先，战略拔河两端的意志力是完全不对称的。一边是不惜一切代价守住自己咽喉要塞的普京，另一边是好不容易才从伊拉克与阿富汗这两个泥淖抽身的奥巴马。更何况，美国还要集中精力来应付中国兴起的挑战，所以普京很有把握美军是不敢在自家门前轻举妄动的。

其次，美国本身并没有太多可以立即威胁普京的经济筹码，俄罗斯对美国的经济依赖程度很低。虽然美国手中握有将本国页岩天然气出口到西欧这张重要筹码，但远水救不了近火。短期内，任何对俄罗斯有效的经济制裁都必须假西欧盟邦之手，可是西欧国家很难下得了这个决心，因为它们都不愿牺牲与俄罗斯的巨额双边贸易，何况它们还仰赖俄罗斯的能源供应。

此外，英国与法国的政客们手上都沾满了俄罗斯资金的铜臭味。英国不愿意切断与俄罗斯的金融往来，因为如果俄罗斯抽走其巨额外汇储备，对伦敦金融产业将是一大打击；伦敦与巴黎的私人银行更长期为俄罗斯大亨与腐败政客提供国际洗钱服务，这种一本万利的好生意如何割舍？难怪西欧许多政客面对普京的挑衅，通常都是口头谴责，但背地里却争食甜头。

更重要的是，美国与西欧已经不具备支配全球经济的实力。40 年前，任何国家一旦与西方国家切断经济关系，就等同于与世界经济切断关系。但是，如今非西方世界已经全面崛起，以购买力平价来计算，美国与西欧占全球经济活动的比重已经从 51%，下降到不足 40%。如果俄罗斯被迫退出西欧市场，还有中亚、中东、南亚、东亚、非洲与拉丁美洲这些日益兴旺的贸易伙伴。总之，这个世界已经不是美国人说了算。

美国对伊拉克始乱终弃

伊拉克战争给美国国际领导地位造成的损伤是难以补救的。在美国的“地狱十年”期间，由于小布什总统执政团队中鹰派当道，天下也难太平。“9·11”这场空前的恐怖主义攻击事件，给了这批鹰派分子一个千载难逢的机会，让他们有机会推动酝酿已久的“中东战略版图改造计划”。如惊弓之鸟的美国民众，愿意接受新保守主义阵营所开列的任何国家安全政策处方。该处方的核心主张就是先发制人、变更政权以及“民主帝国主义”（democratic imperialism）愿景。通过伪造的萨达姆拥有毁灭性武器的情报与蓄意欺骗，他们为战争合理性编织了足够的借口。

一个只有短短两百多年历史的国家，向一个拥有几千年古老文明的国家发动了一场不对称的战争。2003 年 3 月 20 日，英美联军启动对伊拉克强人萨达姆的“斩首行动”。美国巡航导弹与隐形轰炸机奔袭伊拉克首都巴格达，美国有线电视新闻网（CNN）早已在巴格达某处秘密地点架设好摄影机，开启了人类历史上第一次报道战争的现场全程实况转播。

当时以副总统切尼、国防部长拉姆斯菲尔德为首的鹰派狂妄自大，他们相信应该利用美国无与伦比的军事力量，依照自己的意志彻底改造中东区域政治。在美国部队顺利击败伊拉克政府军之后，目空一切的小布什国家安全团队，决定彻底摧毁以逊尼派为主体的国家体制与机构，他们不但要铲除萨达姆领导的社会复兴党，还就地解散伊拉克政府的武装部队、警察、司法与整个行政体系。他们天真地以为美国有此神力在废墟之上重建一切：一方面扶持人口占多数的什叶派组织政权、制定宪法并举行选举；另一方面在一切归零的真空状态中，重新建构国家体制、政府机构与军队。

事后证明，这是一项极为愚蠢的决定。国家体制、统治机构与法律秩序的从头建构谈何容易，更何况伊拉克本来就是一个宗派与部落认同四分五裂的国度。一旦国家机器解体了，各种境外基于宗派信仰与利益的政治势力长驱直入，各自扶持激进武装力量抢夺地盘。血腥的冲突又强化效忠部族或宗派的凝聚力，并激化压制异族与血债血偿的原始冲动。

伊拉克战争的社会与经济成本极为惊人。战争期间 4 500 名美军官兵死亡；伊拉克无辜平民的死亡人数，最保守的估计是超过 10 万人。伊战也严重拖垮了美国的财政。斯蒂格利茨以及哈佛大学教授比尔姆斯（Linda J. Bilmes）于 2008 年出版新书，书名是《三万亿美元的战争》，在书中他们为伊战的直接与间接经济成本提出了详尽与精细的估算。[43]根据估计，美国为伊拉克战争所需付出的经济成本，远远超过朝鲜战争与越战的总和，伊战成为美国历史上成本第二高的战争，仅次于第二次世界大战。

无止尽的战争钱坑

用 2006 年的币值计算，美国为第二次世界大战付出的代价约为 3.1 万亿美元；而伊战的最终成本可能趋近于 3 万亿美元，直追二次世界大战。其主要原因是，今日战争的经济代价远高于 60 年前。以今日的币值计算，第二次世界大战时投入战场的每一个士兵每年的成本是 5 万美元，而伊拉克驻军每人每年的花费为 40 万美元。伊战的开销不仅来自官兵的薪饷、武器、弹药、补给与后勤，伤亡官兵的抚恤、终生的医疗照顾与伤残补助也是天文数字。

老布什总统在 1990 年进行海湾战争时，战争仅仅历时一个月，美国前后共调动 70 万部队投入战场，这 70 万官兵中有高达 40%的人需要政府提供长期的医疗照顾与额外津贴。而伊战前后历时至少 6 年，轮流投入战场的官兵人数高达 200 万人。战争开始以后，从前线陆续送回美国军医院的伤兵已有 26 万人，需要心理治疗的人数还难以统计，战争的后续开销将十分可怕。

伊战不但严重拖累了美国财政，而且明显排挤了教育、医疗与社会福利支出。从小布什总统发动战争到他2008年卸任，美国的国债已经增加了2.5万亿美元，其中有1万亿美元是因为伊战而举的新债。伊拉克战争造成近十年的账面直接开支，包括军费、使馆开支、重建及援助等，总计达7 670亿美元，再加上遗族抚恤以及退役伤员官兵的长期医疗照料与生活补助，长期总支出将高达3万亿美元。

这场战争的借口是捏造的，而战争带来的社会与经济代价惊人，在全球激发强烈反美情绪，并让美国深陷中东泥淖。但是，美国的“民主”并没有让任何关键决策者为他们的蓄意蒙骗国会与选民负起政治责任。2004年小布什总统依旧连任过关，切尼、拉姆斯菲尔德、赖斯等这些主战大将依旧大权在握。

奥巴马总统上台后，开始收拾前政府留下的烂摊子，设法让美国从阿富汗与伊拉克战场中抽身，并寄希望于美国所扶植的两个亲美政权能够负担起恢复秩序与有效治理的重任。但随着“塔利班”组织在阿富汗的实质控制地区不断扩大，ISIS组织（逊尼派激进武装组织，或简称为“伊斯兰国”）在伊拉克与叙利亚边境地区异军突起，整个伊拉克形势已经完全脱离美国的掌控。

时至今日，西方文明发源地之一的幼发拉底河与底格里斯河流域烽火遍地，伊拉克很快就会像南斯拉夫一样，成为历史名词。伊拉克北边的库尔德族在占据重要石油生产基地之后，必然更积极朝向建立“大库尔德斯坦国”的百年之梦推进。ISIS组织，或“伊斯兰国”，将长期盘踞伊拉克东部及叙利亚西部的逊尼派教徒聚集地区；由美国扶持的什叶派宗教政党政权，迟早会寻求伊朗的军事保护伞以求苟且偷生。美国改造中东政治版图的谋略终成黄粱一梦。

奥巴马与林肯：重振美国领导威信

林肯是美国历史上最伟大的总统，也是现任总统奥巴马最崇拜的对象。奥巴马总统自从在2008年首度当选以后，就不断研读林肯传记，学习林肯的治国之道与用人哲学。奥巴马也毫不避讳地显露出自己处处要以林肯为标杆。

奥巴马总统第一任就职典礼的许多安排都刻意提醒世人，他的雄心壮志是直追林肯的历史功名。他使用林肯总统当年就职宣誓用过的《圣经》宣誓就任总统，这本《圣经》在林肯之后就没有其他美国总统用过。在就职典礼之前，奥巴马刻意沿着林肯当年从伊利诺伊州乘火车去华府的路线赴任，然后在林肯纪念堂举行一场欢迎活动。

奥巴马与林肯两人的历史际遇更有许多巧合。林肯与奥巴马都是出身于伊利诺伊州的国会议员；两人同样是原本默默无闻的小律师，从社会底层一步步走向象征权力顶峰的总统宝座；他们两人获得党内总统候选人提名的过程都非常戏剧化，而且都让当时的政治观察家跌破眼镜；林肯解放了黑奴，而奥巴马是美国历史上第一位黑人总统，象征了美国政治发展史上两个重要的分水岭。

他们两人的历史机遇最大的巧合在于，林肯一当选就面临美国历史上最大的政治危机——南北分裂，最后是经过一场内战才解决。奥巴马接掌的美国，则像是一艘在公海上触礁遇难的泰坦尼克号，不但底舱进水需要及时抢救，而且轮机房失火也需要实时扑灭。就在这危急时刻，奥巴马临危受命，从小布什手中接下船长的职务，一肩扛起关系所有船员与乘客性命安危的责任。

奥巴马政府一上台立刻面对多道难题，道道都是难解的题，道道难题的解决都迫在眉睫：一场深不见底的世纪金融危机，70 多年来最险恶的经济衰退，濒临灭顶之灾的汽车工业，两场几无胜算又难以脱身的海外战争。应付这每一道难题都要消耗大量的财政资源。奥巴马上任的第一年美国联邦政府的赤字规模至少达到 1.2 万亿美元之巨，这还没有包括必须即时推出的经济刺激方案所需预算在内。可是美国的国内储蓄根本无法填满这个庞大的财政窟窿，必须寄望于亚洲与中东国家愿意无限制拥有美国国债。

奥巴马总统上任后的首要工作之一，就是重振美国的国际领导威信，但这是一项难度极高的废墟重建工程。在就职不到两个月里，他在几个重要外交政策领域，展现了全面修正小布什路线的企图心。例如，他就职后立刻关闭了关塔那摩（Guantanamo）基地的黑牢，彰显人权优于反恐的基本立场；他很快提出了自伊拉克全面撤军的时间表，为小布什总统闯下的大祸亡羊补牢；他将美国驻联合国大使调升为内阁阁员，体现重视联合国职能的态度；他要求国防部研究如何削减不必要的武器，同时承诺大幅增加国务院的预算，透露了以“交往对话”代替“军事对抗”的新思路。

另外，奥巴马总统在向国会提交的预算书里，将引导企业节能减碳列为施政重点，为美国参与《京都议定书》后续协议打开了希望之门。他向俄罗斯总统发函，表达愿重新考虑在东欧部署反导弹系统的意愿，释放和解善意。他任命了三位特使，处理最棘手的朝鲜、巴基斯坦与阿富汗以及中东问题，每一位特使都是国务卿级的外交重臣，足以作为希拉里的分身。2009 年国务卿希拉里的首次北京之行，没有刻意在人权、西藏与宗教自由问题上做文章，终结了过去中美关系在新总统上台后总要经历一段磨合期的惯性模式。这些都是具有开创性的做法。

奥巴马总统的第一次外交出击，是 2009 年在 8 天之内访问了 4 个欧洲城市，每到一地都发表一篇震人心弦的演讲。他在英国伦敦的二十国集团高峰会上，誓言美国将与各国携手合作，带领全球尽快走出经济风暴；他在法国斯特拉斯堡北约高峰会上，重申他有信心让大西洋联盟内部裂痕完全愈合；他在捷克布拉格王宫古堡前的演讲会上，承诺要打造一个无核武的新世界；他在土耳其首都安卡拉，强调美国绝对无意与伊斯兰世界为敌。

尽管奥巴马总统的第一次外交出访表现出众，但他的华丽台词却掩盖不了残酷的事实——华府已经没有能力在世界各地进行军事干预，美国的财政资源枯竭，国内民众普遍厌战，传统盟邦自顾不暇。在金融海啸之后，美国已经失去主导全球治理体系的领导地位，也不再享有指导各国经济政策思维的话语权。过去美国总统到世界各地，总是推销美国式资本主义与美国民主的优越性；现在大家都将矛头指向华府，美国推行的金融创新与金融全球化，是引爆当前全球经济危机的罪魁祸首。大家都看得出来，奥巴马无力对这个体制进行有意义的改革，因为华尔街是民主党最重要的金主，它的首席财经智囊，从鲁宾、桑默斯到盖特纳都与华尔街有千丝万缕的关系，剪不断理还乱。

中国拒绝美国推销“两国集团”

2009 年 11 月奥巴马访问亚洲，他这次亚洲之行的重头戏是访问中国。他在中国停留的时间，超过他在东京、新加坡与首尔的总和。这趟出访最重要的目标，就是推销“中美共治”构想，就像他与上海大学生座谈时所强调的：“中国和美国要承担做领导的责任”。但是他却在北京碰了一个软钉子。

中国总理温家宝当着奥巴马总统的面表示：“我们不赞成有关‘两国集团’（G2）的提法。”温家宝并进一步说明北京的考虑是：“第一，中国是一个人口众多的发展中国家，要建成一个现代化国家还有很长的路要走，对此我们始终保持清醒；第二，中国奉行独立自主的和平外交政策，不与任何国家或国家集团结盟；第三，中国主张世界上的事情应该由各国共同决定，不能由一两个国家说了算。”

这三点原因并不是教条思维的产物，而是北京领导人对于自身定位和发展方向深思熟虑所得到的结论。“两国集团”不是中国追求的全球权力分配架构。作为一个全球事务协调体制，“两国集团”既缺乏正当性，也不符合北京的一贯立场，鼓吹这个概念只会增加中国与欧盟、俄罗斯、印度间的嫌隙。中国不需要靠“两国集团”的概念来拉抬自己，反而要避免树大招风；北京宁可隐身在“二十国集团”与“金砖五国”（注：BRICS，为巴西、俄罗斯、印度、中国、南非五国英文国名的缩写）幕后，发挥关键影响力。

过去八国集团（G8）被广大的发展中国家与非西方国家

所抨击，就是因为这个体制是一种典型的寡头垄断，既独占又封闭，更缺乏代表性。在冷战时期，中国一直反对美苏两个霸权划分势力范围；冷战结束后，中国既反对美国霸权体系，也反对八国集团片面主导全球经济事务、制定游戏规则。如果现在与美国结合为“两国集团”，等于自毁长城。

当前全球面临的重大挑战，包括地球暖化、能源与粮食安全、核武器扩散、国际恐怖主义、结构性经济失衡，以及金融体系风险失控等，中美之间没有一个问题不存在某些分歧，也没有一个问题是中美两国有能力单独解决的。相反地，国际舆论经常将矛头指向中国与美国，认为中国与美国的单方面政策是许多重大问题无法有效解决的障碍。中美“两国集团”的概念容易让人产生负面联想——中美共同对抗国际压力，彼此为对方的消极不作为提供认可和支持。

哈佛大学历史学教授尼尔·弗格森（Niall Ferguson）所描绘的“中美连体婴”（Chimerica）现象，也就是美国的消费需求拉动中国经济增长，中国储蓄支撑美国消费透支的经济共生关系，曾经一度被吹捧为带动全球繁荣的巧妙互补机制。但自从2008年全球金融经济危机爆发以后，大家开始对“中美连体婴”现象感到忧虑，因为这不但不是一种稳定的共生关系，甚至是全球经济结构性失衡的症结所在。

美国的沉疴：医疗体系改革

奥巴马总统有两项最重要的竞选承诺：第一，超越既有的红蓝（共和党与民主党）两极对立；第二，引进全民健康保险。医疗保险制度改革法案在国会陷入苦战，奥巴马总统既受到保守派民主党议员的掣肘，又面临共和党顽强而激烈的抵制。他终于发现这两项竞选承诺都不容易兑现。

在一般人的印象中，美国医疗体制一向以拥有世界上最先进的设备与医术著称，很多国外富豪都将罹患重症的家属送往美国求助名医。不过，美国医疗体制光鲜亮丽的外表，无法掩盖三个基本事实：这是全世界最不公平的、最昂贵的，也是最没有效率的医疗体制。随着战后婴儿潮一代逐渐迈向退休高峰期，美国医疗体制已经成为社会最沉重的包袱。

一般先进工业化国家，医疗支出占 GDP 的比重在 10%左右，而美国却高达 17%；另一方面，所有先进工业化国家都提供全民健康保险，只有美国例外。在奥巴马总统推动医疗改革之前，有高达 4 600 万美国人没有健康保险，占人口比例为 16%，随着长期失业人口的增加，有更多的美国人失去健康保险。

很多反对全民健保的美国保守派人士，经常拿加拿大的健康保险制度当箭靶，攻击加拿大健康保险制度是属于“社会主义”（在美国主流论述里，这个标签就是“罪大恶极”的意思）。他们宣称，因为加拿大健康保险是政府主办，既官僚化又没有效率，病人缺乏就医选择的自由，而且导致医疗资源浪费，财政补贴更如脱缰野马。但其实这根本是睁眼说瞎话，加拿大的健康保险在总支出上比美国足足少了7%的GDP，医疗资源的分配非常平均，许多全民健康的基本指标表现都比美国好。加拿大人均寿命要比美国多两岁，婴儿死亡率比美国低20%。加拿大人在就医选择上，也比一般美国人更有弹性，因为购买私人医疗保险的美国人通常只能在特约医院与诊所就诊。

美国比其他先进工业化国家多花费7%的GDP在医疗上，代表每年要多支出1万亿美元。这笔巨大的费用主要流向四个方面：第一，私人医疗保险体制的高昂行政成本；第二，保险公司、药厂与医疗设备厂商的高额利润与分红；第三，医生与医院漫无标准的收费；第四，高昂的医疗纠纷保险费用。

为何私人医疗保险体制的行政费用特别高昂？因为保险公司需要雇用大量的精算师、稽核员与律师，他们帮私人保险公司设计保单与精算保费，逐笔审核疾病给付，处理层出不穷的给付纠纷。结果是私人医疗保险的行政支出，跟美国政府为65岁以上老人开办的“医疗照料”（Medicare）相比，足足高出80%。难怪奥巴马总统的医疗改革会遭遇那么大的阻力，因为他的改革方案威胁了太多的利益集团。这些分食医疗大饼的既得利益者，一方面花大笔经费用于政治献金与国会游说，同时购买大量的媒体广告，不断向缺乏国际观的美国大众灌输“美国医疗体制是全世界最好的”、“自由市场的医疗保险才最有效率”这两碗迷汤。如果不与这批既得利益者妥协，奥巴马总统的健保改革方案就很可能胎死腹中。最后他不得不接受各种妥协，让改革效果大打折扣。[44]

改革契机昙花一现

奥巴马总统的第一任任期，是他必须掌握的改革黄金时机，但民主党在 2010 年的期中选举却遭遇重大挫败，让许多改革提议陷入泥淖。他的挫折暴露了美国民主的根本缺陷，这个体制已经失去了为绝大多数民众谋求福祉的最基本功能。

这场期中选举，更凸显美国民主在社会代表性上的严重偏差。经济富裕阶层本来就在美国政治体制内享有先天优势，期中选举更是由一群政治意识鲜明或容易接受政治动员的选民群体所主导，他们虽然在数量上是少数，但却可以扭转乾坤。2008 年的大选，奥巴马获得将近 6 700 万的选票；这次期中选举，由于投票率只达到 41%左右（以合格选民为分母计算），所以共和党虽然总共只拿到 4 500 万左右的选票，但已足以让奥巴马政府“马失前足”。

美国宪政的设计原理，是刻意让由多数民意产生的政府受到多重的权力制衡，让代表少数民意的政治力量有多重机会行使否决权。这样一种制度设计，讲求的是协商手腕与妥协精神。如果社会的主流价值十分趋同，主要政党之间的意识形态差距很小，还可以维持平顺运作；如果社会内部出现严重的价值分歧，主要政党的基本立场南辕北辙，这个体制很容易陷入僵局。

美国政坛意识形态版图的剧烈变化，可以用一个简单的例子来说明。如果回到1960年代，尼克松政府代表着温和派主导共和党时代的尾声。尼克松推动的许多经济与社会政策如果放在今日的美国政坛光谱上，会被归类为“左派”或“社会主义倾向”，他比今日一些温和的民主党人士，更倾向于“大政府”与“经济管制”。

从里根总统执政开始，新保守主义意识形态成为共和党的主流，过去30年共和党内的温和派早已被边缘化；共和党激进人物以挑动价值冲突议题，作为累积政治资本的主要策略。加上恶质化的竞选伎俩层出不穷，新闻媒体的党派立场日趋鲜明，美国社会内部的政治裂痕愈来愈难愈合，民主党与共和党政策妥协空间愈来愈小，美国民主体制愈来愈难摆脱政治僵局的困顿。

在政治冲突日趋尖锐化的趋势下，任何一位美国总统想要贯彻自己的政策理念，不但必须同时掌控美国参众两院的多数席次，还需要掌控参议院 3/5 的席次（如此才能通过停止讨论动议径行表决），这是高难度的政治门槛。2008 年，由于小布什政府搞砸了美国经济，又让美国大军深陷伊拉克泥淖，才让奥巴马当选为第一位黑人总统，同时让民主党在参议院一举拿下 58 席，再加上有两席无党派人士可以争取，所以奥巴马不但拥有“人心思变”的可用民气，更享有跨越高难度政治门槛的难得历史机遇。

奥巴马总统第一任任期的头两年，虽然有此难得历史机遇，但他的改革方案还是遭到共和党的顽强抵制，加上政治历练不足，以及事事寻求妥协的风格，他的健保法案最后是七折八扣勉强通过，经济振兴方案虎头蛇尾，金融改革方案也被严重稀释，绿色能源法案更是原地踏步。现在，共和党不但卷土重来，而且政治路线更为激进。

果不其然，接下来的两年奥巴马政府举步维艰；他的第二任任期几乎是一事无成。如果今日美国基本上处于国力鼎盛、经济健康、社会昌平的时期，政治僵局还不至于带来严重后果，可是，今日美国正处于由盛转衰的历史关头，美国经济正滑向“通货紧缩”的深渊，美元币值信用摇摇欲坠，社会贫富差距日益扩大，地方政府财政枯竭，基础建设更是普遍年久失修。政治僵局将让美国社会失去方向与动力，错过扭转颓势的黄金时机。

2008 年的金融危机，曾为矫正美国贫富两极化带来一线曙光，奥巴马虽然未必有能力从根本处扭转这个趋势，他至少有机会尝试减缓这个趋势。但在 2010 年 11 月期中选举之后，这一线曙光也熄灭了。

美国政治的四月寒流

2011 年 4 月初，这时的华府本来应该是春意盎然的季节，盛开的樱花为大地回春揭开了秀丽的序幕，灿烂的阳光也驱散了不少早春的寒意。可是此时此刻华府的政治却弥漫着令人不安的肃杀气氛，共和党保守派挟着 2010 年 11 月期中选举大胜的余威，正磨刀霍霍迎接一场预算大战，准备将奥巴马政府的施政计划砍得体无完肤。

其实美国 2011 财政年度始于 2010 年 10 月 1 日，到 2011 年 9 月 30 日结束。由于共和党阻挠，2011 预算案一直到 4 月 15 日才获得国会通过，之前一直是靠一个接一个的临时预算决议支撑政府的运转。每一次临时预算决议到期时，共和党都摆出不惜让联邦政府暂时停摆的不妥协姿态。共和党还利用联邦政府举债上限的授权案作为威胁奥巴马就范的武器。

在过去，联邦政府的举债规模濒临上限时，国会都会主动立法提高举债上限，因为这些新增债务都是为了依据预算法或其他支出法案权限内因应支付义务而产生，原本没有任何争议。但从 2011 年开始，共和党却推翻此一宪政惯例，一直拒绝通过这个例行性授权法案，不惜以制造“美国国债违约”这种金融原子弹来要挟奥巴马政府，并让全世界金融市场陷入空前的恐慌。这次国债违约危机从 6 月底一直闹到 8 月 2 日才解除，为两党对抗开创了一个恶例；很不幸的是，从 2011 年开始，同样的政治对抗戏码几乎每年都要上演一次。

在共和党尚未夺回众议院多数之前，由于“茶党”运动（Tea Party movement）风起云涌、右派媒体的恶意诋毁、既得利益集团的顽强抵制，以及奥巴马个人温和的政治性格，他上台前信誓旦旦要推动的三项重要改革法案——全面医疗保险、整顿金融秩序，以及减少温室气体排放与开发绿色能源，每一项都难以贯彻，所有通过的立法都是七折八扣。

共和党内由“茶党”支持的极端保守派国会议员更是气焰高涨，准备全面反扑。他们不但坚持要大砍联邦政府预算 615 亿美元，还拒绝为奥巴马政府的健保改革法提供必要的作业经费，让其无法如期实施。他们还在预算法案中夹带各种极具争议的修正案，例如禁止环保署在这个财政年度内限制发电厂和工厂温室气体排放，不准联邦政府给“家庭计划机构”（Planned Parenthood）提供经费。

共和党保守派表面上的理由是要避免联邦赤字失控，不让美国重蹈希腊与葡萄牙财政危机的覆辙，但是他们真正的用意在于肢解过去历届民主党总统所建构的社会保障体系。所以他们左手砍社会福利预算，右手护航国防预算，并且坚持维持小布什政府针对最富裕群体的减税方案，完全无视于到了 2011 年底美国还有 1 400 万人失业，而且绝大多数人失业超过 6 个月，重返职业场所的机会愈来愈渺茫，同时还有 600 万家庭正陷入房屋遭银行查封拍卖的事实。

同样惨烈的预算大战也正在美国各州展开。在 2012 年财政年度，全美有 44 个州和华盛顿特区面临预算短缺，缺口高达 1 120 亿美元。全美各地都在演出图书馆与公园被迫关门、小学老师大量裁减、低收入老年人津贴削减、卫生保健服务中断，以及警察与公务员周休一日无薪假的凄凉故事。

共和党保守派不但决心肢解美国的社会保障体系，也决心瓦解民主党的基层组织。新上任的威斯康星州州长强力推动立法，限制公务员与老师组织工会的权利，并取消他们的集体谈判权利，在威州首府引发了自 1960 年代越战以来最大规模的示威抗议。类似的政治斗争也陆续在俄亥俄州与印第安纳州上演。

威斯康星大学知名历史学家威廉·克罗农（William Cronon）在《纽约时报》撰文，批评州长背离该州的“友善、斯文、相互尊重”传统，结果立刻遭遇共和党州议员“围剿”，要求他交出大学电子信箱内出现“共和党”三字的所有邮件。其他大学教授为其声援，抗议学术自由遭受侵犯，也立刻遭到共和党外围组织的报复。保守派组织以“信息自由法”名义，要求学校交出这些教授信箱内过去几个月所有出现“威斯康星”、“工会”等字眼的电子邮件，准备指控他们利用“上班时间”与“公家资源”从事政治活动。一场文字狱风波正方兴未艾。

与失业家庭、缺乏医疗保障的弱势群体、被迫休无薪假的公务员，以及学术自由面临威胁的大学教授等形成强烈对比的，是欢颜绽开的华尔街金融大鳄。过去即使民主党拥有参众两院多数，奥巴马倾尽全力所通过的金融改革法案，也只能成立新的保护消费者机构，赋予监管机构更大权力解散陷入困境的金融企业，加强限制高风险的衍生工具交易活动，禁止传统银行同时经营投资银行业务，却未能限制金融高级主管的收入和分红。

美国政治的永远赢家

在2008年金融危机全面爆发后，财政部长保尔森与美联储主席伯南克联手向美国国会提出紧急法案，要求国会授权他们动用7 000亿美元来入资美国大型银行，协助其重建资本结构，以防止金融体系全面崩溃。很多人可能不知道，保尔森过去就是华尔街的大鳄，而他就是推动解除金融管制与放任华尔街搞高杠杆金融投机的始作俑者。

这场世纪金融危机的祸根在2004年就埋下了。那一年4

月 28 日的下午，美国证监会的五位委员与华尔街五大投资银行的负责人举行了一次闭门会议，五大投资银行，由当时担任高盛董事长的保尔森带头，向证监会提出要求，希望让大型投资银行排除适用一项限制它们经纪商部门负债比例上限的规定，它们向证监会保证，它们自有资金庞大而且长于运用精致的避险机制，所以没有必要继续适用这项陈旧的规定。

一向对华尔街言听计从的共和党籍证监会主席寇克斯（Christopher Cox）决定“从善如流”。自此五大投资银行可以自由动用经纪部门的准备金，来进行当时最流行的衍生性金融商品买卖，并沉溺于极度高杠杆的投机操作。保尔森大概万万没有想到，就在 4 年前这一天，五大投资银行已经埋下了自我毁灭的种子；他大概也没有预期自己会坐在财政部长的位子负责收拾自己捅下的大娄子。

“大到不能倒”的后果

2008 年金融危机爆发后，美国政府的救市行动优先顺序引发很大的争议。有数百万家庭因为无法缴纳贷款而被扫地出门，房子被银行扣押或拍卖；但是除了“雷曼兄弟”以外，几乎所有的大型金融机构都由美国政府出面拯救，因为它们“大到不能倒”。华尔街的如意算盘是，美国政府别无选择，只能动用纳税人的钱为自己闯下的大祸埋单。

一旦经济跌势趋缓，它们随时随地准备重操旧业，并排除所有阻碍它们重新扬帆出航的障碍。在金融危机爆发之后，有两种改革主张让华尔街最胆战心惊。第一是美国应该采取瑞典的金融救援模式，暂时将大型银行收归国有；第二是全面改革金融监管体制，对于衍生性金融商品的交易进行严格限制。这两种主张都对华尔街的既得利益者构成巨大威胁。

所以 2009 年一整年，华尔街利益集团铆足全力对抗这两个改革主张。正如福山在《外交事务》双月刊有关美国政治体制失灵的分析中所描绘的，华尔街在美国国会内早已遍植自己的利益代理人。他们最有力的说辞就是：美国金融体系是全世界最有效率的，是协助美国经济体系达到资源最有效配置的核心机制，美国金融体系有能力将全球的储蓄引导到资金使用效率最高的企业或个人手中，并激励创新与创业。如果大幅改变现有的金融体系运作模式，就会导致美国金融体系之效率与竞争力的严重损伤。而现有的运作模式包括全面私有化、自由跨业经营、最低度的监管、鼓励金融创新、高杠杆财务操作、高额绩效奖励等要素。

美国金融体系是否真是全世界最有效率的？这个问题值得深究。首先就历史经验来看，美国在二战后头 25 年也出现强劲的经济增长，那个时代的金融活动是高度管制的，不仅没有跨国金融，连跨州金融都受到限制。其次，高度自由化的金融体系从来就不是东亚经济奇迹的要素，不论是日本、韩国或中国的高增长模式，都不曾依赖美国式金融模式。

当时支持全面改革的哈佛大学政治经济学讲座教授本杰明·弗里德曼（Benjamin Friedman），帮美国金融服务产业算了一笔账。在2008—2009年的金融海啸中，美国的金融体系摧毁了至少4万亿美元的财富，导致国内失业率冲高到10%，制造业生产毛额一年内萎缩了13%，美国政府为了救援金融机构与挽救实体经济，至少增加了2万亿美元的债务。这笔账还不包括金融海啸对全球实体经济与各国财政造成的损害。[45]

美国金融机构制造了天文数字的有毒资产，这意味着美国银行曾不断把资金借给了最缺乏偿还能力的企业或个人，不断为追求短期绩效报酬而制造巨大的系统性风险。这样一个金融体系却向美国社会以及全球投资人抽取了极高的劳务报酬。金融服务业占美国全体企业利润的比重，从1950年代到1980年代的平均10%，上升到1990年代的22%，从2001年到2006年则高达34%。金融服务业从业人员的薪资占美国经济薪资所得总额的比例，也从1950年代的3%，一路上升到7%。这还不包括金融服务业其他的营运成本（房租、保险、广告费用等）。所以美国的金融服务业，就像美国的医疗体系一样，是全球最昂贵的，但绝对不是最有效率的。

尽管华尔街在舆论抨击下一度犹如过街老鼠，但它们对国会的政治游说力量并未被有效压制。经过一年多的政治折冲，国会在2010年7月总算通过《多德-弗兰克华尔街改革与消费者保护法》(Dodd-Frank Act)，这个法案强化了对可能引发系统性风险的大型金融机构的政府监管与强制接收机制，也对银行贩卖金融商品给消费大众做了严格限制，但华尔街游说集团成功地阻挠了针对防止“大到不能倒”问题的一些关键条款，这个法案最终未能釜底抽薪。[46]

从2010年春到2011年春这一年多来，在美联储量化宽松货币政策的支撑下股市回稳，金融和银行业盈利恢复，华尔街的贪婪本性故态复萌，纷纷向政府施加压力要求放宽监管。2010年底美国金融机构给高级主管的薪资与红利又创下历史新高，共发放了1 440亿美元。历史再度证明，它们才是美国政治的永远赢家。

多边贸易谈判已成鸡肋

美国在国际组织中的影响力江河日下，一个具体的指标就是2013年5月的世界贸易组织（WTO）秘书长角逐战，美国遭遇败北之痛。这场异常激烈的角逐战，最后由巴西驻世贸组织大使阿兹维多（Roberto Azevêdo）脱颖而出，他获得绝大多数发展中国家的坚定支持，尤其是金砖五国。

阿兹维多压倒了另外一位呼声很高的候选人：墨西哥前贸

易部长布朗柯（Blanco）。虽然布朗柯来自拉丁美洲，获得美国与西欧国家的强力支持，却无法得到大多数发展中国家的青睐，因为布朗柯属于典型的“芝加哥帮”（Los Chicago Boys）。他毕业于新古典经济学大本营芝加哥大学经济系，并为鼓吹“市场万能”的新自由主义学派大师弗里德曼（Milton Friedman）之得意门生。

绝大多数发展中国家对布朗柯这样的背景具有戒心，因为“芝加哥帮”在拉丁美洲推动的“华盛顿共识”改革路线，早已被绝大多数南美洲选民所唾弃。而大多数发展中国家相信阿兹维多能兼顾它们均衡发展的需要，更能兼顾弱势群体的需要，不会成为美国的利益代言人。

阿兹维多可以说是临危受命，因为世贸组织的地位正日益边缘化。过去十年风起云涌的双边与区域自由贸易协议，正迅速肢解全球多边自由贸易体制。愈来愈大范围的国际贸易，即将纳入具有排他性与差别待遇的贸易游戏规则的管辖；原来属于世贸组织架构下的“例外安排”，即将成为主导性、常态性的安排，全面侵蚀世贸组织架构下无歧视、普遍最惠国待遇的基本原则。

美国积极推动的“跨太平洋伙伴关系协议”（TPP），以及最近即将启动的“跨大西洋贸易与投资伙伴关系协定”（TTIP），都是规模庞大的区域自由贸易协议。目前参与跨太平洋协议谈判的国家之经济总量，相当于全球 GDP 的 2/5，货物贸易额总量占全球总量的 1/3。跨大西洋协议的贸易规模，也相当于全球货物贸易总量的 1/3，并占全球服务业贸易总额的 40%。这两个高门槛的区域自由贸易协议，很多规定都将为美国与西欧的企业利益量身定做，更涉及各国金融、劳工、环保、食品安全、政府采购、知识产权等监管体制，所以大多数发展中国家都达不到门槛而将被拒于门外。

要重振世贸组织在制定全球贸易规范中的主导地位，就必须让躺在“加护病房”多年的“多哈回合”多边谈判起死回生，这对阿兹维多而言，是一项极为艰巨的挑战。最困难的不在于说服美国与印度在农业补贴议题上各退一步，化解导致 2008 年谈判破裂的主要障碍；真正困难的是，如何破解各种不利于发展多边自由贸易体制的政治形势。

关键点是美国的战略思维已经出现重大转变。过去美国大力提倡多边自由贸易体制，现在却不再认为在世贸组织架构下推动贸易自由化符合自己的利益。这体现在三个方面：第一，美国在世贸组织体制内不再扮演主导角色；相反地，以印度、巴西、中国及南非为首的发展中国家逐步取得更大的发言权。第二，美国无法在多边贸易谈判中取得让步，却能在双边自由贸易谈判中，借助其仍然相当可观的经济筹码让对手屈服，日后更可以挟跨太平洋协议或跨大西洋协议之分量，逼迫其他发展中国家就范。第三，美国决策者意识到必须重新部署对北京的战略围堵，以因应中国综合国力即将超越自己的威胁；加速推动跨太平洋与跨大西洋伙伴协议，可以将美国与传统盟邦捆绑得更紧，打乱北京推动东亚经济共同体的步骤，并限制中国企业在全球价值链中的晋升速度。

由于全球生产力的重心不断移向新兴市场国家，欧美在许多领域都面临强大的产业竞争压力。在美国与西欧内部，支持自由贸易的政治联盟也正在逐渐松动。尤其在 2008 年金融危机之后，美国经济复苏的力道微弱，欧洲可能陷入长期的停滞，年青一代大量失业几乎无解，社会保障体系摇摇欲坠，保护主义声浪与排外情绪日益高涨，“自己国家利益受损，而中国才是世贸组织架构下最大受益者”的质疑此起彼落。这些政治阻力都会让重新启动“多哈回合”谈判更为艰难。多边贸易谈判停滞不前，对台湾而言非常不利，因为在世贸组织架构下，台湾可以享受普遍贸易最惠待遇的庇荫，而在双边谈判中，台湾的经贸筹码有限，每谈判一回合的自由贸易协议，就会被剥一层皮，尤其面对美国这样一个享有绝对优势的谈判对手，坦白说，台湾要有任人宰割的心理准备。

全球化的裂解与再熔接

去银行办理过跨国电汇的读者大概都听过 SWIFT，但很少人知道这是“环球银行金融电信协会”（Society for Worldwide Interbank Financial Telecommunication）的缩写，更少人了解这个总部设于布鲁塞尔的协会之关键角色。

这个成立于1973年的协会乃是推进金融全球化的幕后功臣，它是贯穿全球金融体系的神经系统。会员为遍布200多个国家和地区的上万家金融机构，这些机构间每日数以万亿计的资金移转，都是通过协会提供的保密电信网络进行电文交换与确认交易完成。

当这个系统正常运作时，没有人会关注它的法律地位。但从2014年10月开始SWIFT的定位成为全球金融机构以及非西方国家政府关注的焦点，因为美国与欧盟正在找寻对俄罗斯更严厉的经济制裁手段，它们将脑筋动到协会的头上，准备将俄罗斯的银行排除在SWIFT系统之外。

但反对声浪也不断涌现。首先，绝大多数银行业者都反对将SWIFT降格为美俄战略对抗的工具。它们希望维持SWIFT的政治中立，不赞成将银行业花了40年打造的金融全球化基础工程如此轻率地加以拆解。不过，SWIFT也承认它们最终必须遵守欧盟的法令，因为毕竟它们是在比利时注册的“民间合作社”，没有国际条约的保障。

以金砖五国为首的非西方国家也强烈反对这项举措。它们原本就不支持对俄罗斯的经济制裁，而且一旦俄罗斯被SWIFT排除在外，它们彼此间的金融往来就会面临冲击。过去，西方国家曾强制SWIFT中止对伊朗银行的服务，非西方国家只好另辟蹊径、暗度陈仓。但是，俄罗斯究竟是一个经济规模超过两万亿美元的大国，更是联合国安理会常任理事国。

围绕 SWIFT 定位问题引发的政治拔河，并非一个特例，而是预示我们全球化即将进入“后美国时代”。新时代的特征是：地缘政治与市场整合两套逻辑相互纠葛的情况将越来越明显，然而全球化的动能仍然强劲，不过主要动力将来自新兴市场国家；美国一元领导自毁长城，新自由主义思潮失色，国际经济交往规则的指导思想将不再定于一尊；全球经济将出现多元领导格局并形成数个超级经济板块，亲疏内外有别；过去完整而统一的架构将出现裂痕或被削弱，在全球、大板块与小板块三层次之间将充斥着叠床架屋的合作机制与交往规则；非西方国家将寻求新的熔接机制来深化彼此的经济合作，并降低对西方国家的依赖。

这样的变化趋势必然会发生，因为随着金砖五国的兴起，随着中国及俄罗斯与美国战略利益冲突日益激烈，西方国家必然将金融、货币、贸易、运输、通信、网络等全球化基础工程的管理权当作战略筹码来使用，但也势必削弱其正当性与完整性。非西方国家也必然会在金砖五国的领导下另起炉灶。

2015 年 4 月 1 日起，俄罗斯的银行开始全面换发银联系统的信用卡，以突破 VISA 与万事达卡对其的封锁；2014 年以来，金砖五国决定成立金砖开发银行以及设立外汇储备基金，并开始铺设金砖光纤电缆以确保网络通信安全；另外，巴西积极领导非西方国家要求美国释放对互联网的管理权。这些都是显著的例证。

我们可以预见，未来十年在各个政策领域，美国都将快速失去其号令全球的霸权地位，并选择退而求其次，重新构筑战略版图与经贸板块，以确保自己至少能在21世纪前半场据守半壁江山。例如，近年来美国逐渐失去对世贸组织的主导权，乃对“多哈回合”多边谈判完全失去了兴趣，开始将主要精力投入建构TPP与TTIP，拉紧长期战略盟友，另立江山。

在此背景下，中国积极推动“丝绸之路经济带”的战略布局，乃是必然的选择。欧亚大陆板块从公元7世纪到17世纪一直都是世界最大的贸易板块，在21世纪又有机会通过政策协调与治理机制整合，并全面利用最新的运输与通信技术，将此超级板块熔接为全球经济的新重心。

做好“脚踏两条船”的准备

随着华府与北京的战略对抗不断升温，东亚的美国盟邦要开始面对两大棘手难题：第一是美国会要求盟邦设定对中国经济依赖程度的底线；第二是必须适应两套不完全兼容的国际体系，一边是美国主导的区域合作体制与国际经济交往基础架构，另一边是中国积极推动的替代体系。

过去美国有信心将中国逐渐吸纳到自己主导的战后国际经济秩序中，更相信在可预见的将来，中国不可能在东亚挑战自己的军事霸权，因此不曾劝阻盟邦扩大与中国的经济交往，只要求它们配合执行美国对中国的高科技出口管制规定。但是，现在这两层自信都已经动摇，美国开始担忧盟邦与中国的经济利益捆绑愈来愈紧密，一旦面临军事摊牌，这些盟邦会临阵退缩而非并肩作战。

最近美国开始提醒盟邦要设定底线，尤其是 2016 年最有可能代表民主党问鼎总统宝座的前国务卿希拉里，更是毫不遮掩地道出她的忧虑。2014 年 6 月她在接受《悉尼先驱早报》（*The Sydney Morning Herald*）采访时，指责澳大利亚对美国不忠，她表示："不能一方面期待华盛顿为其提供军事保障，来对付在亚太地区领土争端和军事竞争方面愈来愈具侵略性的北京；另一方面作为一个贸易伙伴又过分依赖中国。"

如何回应希拉里抛出的难题，已经让东亚国家伤透脑筋，现在还要在两套相互竞争的体系之间取舍：究竟是要优先加入跨太平洋协议，还是优先加入东南亚区域全面经济伙伴协议（RCEP）？要继续采用美元为贸易结算货币，还是部分改采人民币结算？要依赖美国主导的国际支付系统，还是积极加入"银联"系统以及即将在 2015 年底前启动的"人民币跨境支付系统"（CIPS）[47]？要沿袭世界银行与亚洲开发银行的架构，还是转向蓄势待发的亚洲基础设施投资银行？要牢牢抓紧与美国的军事同盟，还是要搭上后势可观的“亚信峰会”[48]与上海合作组织列车？

要脚踏两条船并不容易。最近韩国想认股亚洲基础建设银行，但遭遇美国强烈反对。具有悠久历史的东盟组织，更可能因为中美战略拔河而出现分裂。随着中国另起炉灶的企图心愈来愈旺盛，以及北京主导的平行体系重要性不断上升，东亚国家都必须学会如何不让自己进退失据。

其实，美国政策本身就充满着矛盾，“又要马儿肥又要马儿不吃草”常让其盟友难以适从。华府一方面要推动经济全球化，另一方面又想限制企业的全球布局。在 2014 年 4 月中旬，我在东京参加美国智库阿斯彭研究所（Aspen Institute）举行的一次国会外交政策研讨会上，就针对这个议题很坦率地向参加这次会议的 6 位美国参议员与 14 位众议员解释，台湾出口产业之所以如此依赖中国大陆作为生产基地，背后的推手就是美国跨国企业。

无论是委托台商接单生产日用百货的“沃尔玛”，或是委托制造智能型手机与笔记本电脑的“苹果”或“惠普”，它们的采购经理人都是将大单下给在中国大陆全面布局生产基地与供应链的台商，因为只有这些台商才有规模经济、有价格优势、有外围的产业链配套，因此才有能力吃下大单并在下一季准时交货。当他们听完我的解释时，都哑口无言。

第四篇

中国发展模式石破天惊

中国的兴起和中国发展模式的出现，对于全球而言是石破天惊的历史巨变。对所有东亚国家的社会精英而言，21世纪最重要的知识挑战，就是去理解中国兴起如何带动全球秩序重组。这个功课做不好，东亚国家根本不知道怎么面对未来。台湾的社会精英不能掌握好这个百年不遇惊世巨变的历史意涵，就很难为自己找到安身立命的新坐标，更无法为台湾重新找到定位与方向。

过去300年的人类历史里面，只有4个历史事件，对于人类历史进一步发展带来的巨大冲击或引导作用，可以和中国兴起相提并论。第一是18世纪英国工业革命，第二是1789年法国大革命，第三是1917年俄国十月革命，第四是19世纪末到20世纪初美国崛起。这4个事件中的头两个事件，深刻影响了19世纪的世界秩序，后两者塑造了20世纪的世界格局。

18世纪开始于英国的工业革命，开创以机器代替手工劳动的时代，让制造业进入大规模生产阶段，进而带动现代经济分工与大众消费品为主的远程贸易；工业革命也带动了社会结构的剧烈变化，大量农民被驱赶进入城市，成为出卖劳力为生的工人阶级。新兴工业资产阶级成为政治新贵，传统手工艺者与自耕农大量消失，人类社会进入全面都市化的历史阶段。法国大革命摧毁了欧洲旧世界的政治秩序，开启了现代的政治形态，无论是现代的独裁（Bonapartism）、现代的民主共和，以及民族国家（nation-state）的原型，都滥觞于法国大革命。

共产主义十月革命，是撼动20世纪全球秩序的最重要的转型力量之一。虽然一开始苏维埃仅仅建立了“一国社会主义”（socialism in one country），但苏联的社会主义模式不但为后起工业化国家展示了迈向现代化的另一条道路，而且也深化了西欧资产阶级的生存危机，激化了这些社会内部的阶级矛盾，这个激化过程冲撞出两个非常不同的回应模式：一方面，在德国、日本与意大利导致极右的法西斯政权兴起；另一方面，也在许多西欧与北欧国家导致改良式民主社会主义运动的蓬勃成长，而促成了吸纳工人参政与兴办福利国家的阶级妥协模式。当然，没有十月革命，也很难想象在中国共产主义革命能够成功。

美国崛起的影响更为惊人。美国的崛起改变了资本主义的扩张模式，也加深了欧洲殖民主义的危机；同时，美国替代了英国的金融霸权，延续了英国的自由放任式资本主义与个人至上的经济自由主义。更重要的是，美国崛起为“后殖民时代”资本主义的全球扩张打造了一个新的政治基础。美国完成了西班牙、荷兰与英国都不曾完成的霸业，它同时贯穿生产与贸易、军事与安全、货币与金融，以及意识形态领域，建立了高度整合的一元秩序。[49]

中国兴起的历史意涵

中国兴起的历史意义，与上述 4 个历史分水岭事件相比，绝对有过之而无不及。中国兴起是撼动当前全球秩序的最重要转型力量之一，必将成为 21 世纪全球秩序重组的主导力量之一，而中国发展模式的出现，更深远影响着人类社会的未来。

中国快速的经济发展在人类历史上不只空前，也很可能后无来者。1978 年改革开放以来，中国启动了人类历史上最快速的持续经济增长、最大幅员的全面工业化，以及最大规模的消灭贫穷。历史上从来没有任何一个国家或社会，能以这种速度在这么大的体量、这么广袤的地理范围，进行如此快速的经济发展。

中国发展模式的突出表现，震惊了西方主流经济学，也撼动了国际发展机构对于经济发展与经济治理的话语权，让许多第三世界国家在思考：如何在社会公正、可持续发展以及自由市场竞争效率之间取得平衡时，有一个更宽阔的思考与选择空间。

解读中国兴起一定要有大历史观。从大历史来看，我们可以这样理解这 60 余年的变化：中国只是恢复她在世界经济体系里的份额，恢复她在东亚的地位。从大历史来看，我们会将中国兴起理解为“非西方世界全面崛起”大故事的一部分，而这个大故事就是 20 世纪的最后 40 年到 21 世纪初，整个世界历史变化的主轴。非西方世界全面崛起所带来的全球生产力再分配与财富再分配，必然带来全球范围权力结构以及意识形态场域格局的变化。

非西方世界的全面崛起，也意味着人类社会将同时面临两种可能的历史发展情境。一方面是全球秩序可能进入一个较长的崩解与重组时期，在这期间一定程度的失序与混乱很难避免，许多全球层次的公共治理议题可能出现巨大的真空。另一方面，我们也可能迎接一个更公正的全球秩序之来临——一种更符合对等与互惠原则的国际经济交换模式；一个更尊重文化与宗教多元性的全球公共论述领域；一种更能统筹兼顾地球上绝大多数群体的可持续性发展需要，以及更能体现“休戚与共”及“和而不同”理念的全球秩序。

描绘中国未来的世界角色

要描绘中国在未来世界的角色，可以先从《日蚀》(*E-*

clipse）这本畅销书谈起。[50]这本书于 2011 年 9 月出版，在美国引起非常热烈的讨论，作者是印度籍的阿文德·萨勃拉曼尼亚（Arvind Subramanian），他在"美国国际经济研究所"这个有名的智库担任资深研究员。这本书非常严肃地对未来世界的经济格局做出了分析与预测。作者为了吸引读者的眼光，以一个非常戏剧化的假设情景作为开场白：2021 年美国面临财政破产危机，美国总统从白宫驱车经由宾夕法尼亚大道（注：白宫前面通往国会的大道），到另一头的国际货币基金组织，和中国籍总裁签下一份纾困方案协议，获得了紧急融资 300 亿美元的贷款，同时承诺要遵守一系列条件。这些条件可能就是最近大家看到的希腊、西班牙在寻求纾困时所必须接受的城下之盟。萨勃拉曼尼亚对这个虚构的情景下了一个评点："此刻，世界主导权的交接仪式业已完成。"

这是一个虚拟的但不完全是天方夜谭的场景。萨勃拉曼尼亚的分析是依据架构完整的、对全球经济格局所做的分析。他根据从 1870 年到现在的全球经济格局变化，包括各国的 GDP、贸易和资本流量占全球经济的比重等不同指标，认为中国现在已经处于取代美国，成为全球经济引导地位的关键阶段。他的预测是，2030 年前后，中国对全球经济的支配将非常类似于 1970 年代的美国和 1870 年代的英国。人民币作为全球主要储备货币的态势，来临的时间和速度可能比我们想象的要快。

当然，这本书的观点，不是所有观察全球经济的重要学者或专家都共同接受的，其他人也有很多不同的观点。伦敦《金融时报》(*Financial Times*) 非常有名的专栏作者马丁·沃尔夫 (Martin Wolf)，特别为这本书写了很长的书评，提出一些略微不同的观点。[51]沃尔夫并不是完全否定这本书，不过他认为，中国作为一个超级强权，还有很多内在的、先天上的限制和缺陷；而美国在某些方面仍旧具有优势，包括科技创新力、军事实力、由大学和研究机构所代表的综合科研实力、英语的优势，还有民主制度的软实力优势。这些可能会构成中国要超越美国并且取得全球主导权地位不那么容易克服的障碍。我相信这个争论还会继续持续下去，可以暂时存而不论。

我们也可以换一个角度去看中国的兴起。一般的经济发展比较，都是以国家为单位。事实上，在一个经济全球化的时代，整个经济的动能，并不是真正以国家为主要单位，而是在世界层次能够参与国际分工与供应链，进行非常繁复的跨国交换、交易与合作的“全球性都市”(global cities)。它们具备创意中心、信息中心与金融中心的功能，同时也参与全球的产业链，进行研发、管理、物流以及融资活动等等。这些城市是经济的发动机，是最重要的汇集人才、信息与资本的平台。因此，从全球性都市的未来发展分析，同样可以得到《日蚀》那本书刻画的情景。

全球性都市云集中国

2012年中，美国《外交政策》（*Foreign Policy*）杂志，以及全球最具影响力的顾问公司“麦肯锡”旗下的一个智库机构“麦肯锡全球研究院”（McKinsey Global Institute），观察了全世界75个具有世界城市条件并且是未来经济增长最具活力的城市，从2010年到2025年可能会出现的兴起和追赶过程。[52]它们根据模型，列出了75个到2025年经济增长总量全球排名最靠前的全球性都市，把这些城市叫作“2025年最具活力的75个城市”。根据推测，75个城市中，有29个将出现在中国；美国次多，但也只有13个，远远落后于中国；欧洲只有3个。东京在2010年的城市经济规模世界排名第一，但根据麦肯锡的估计，到了2025年，它的增长总量只会排名第十。如果我们以都市作为经济资源的整合平台、价值创造的发动机、培育新兴产业的摇篮，那么你同样可以预见，在未来不到15年里，中国的相对经济地位会出现剧烈变化。

在这29个城市里，有些是我们耳熟能详的，像上海、北京；有些可能是大家不会想到，但却会变成全球名列前茅、最具竞争力的城市，比如沈阳、重庆。根据这份报告，2025年最具活力的前20个世界级城市里，只有7个不在中国，其余

13 个都在中国，而且你会看到一些想象不到的城市。武汉、广州这些历史名城名列其中并不令人意外，但深圳就是一个难以想象的奇迹。25 年前深圳不过是一个小渔村，现在已经是人口超过 1 000 万的城市；更令人惊讶的是，2014 年深圳的人均 GDP 已经达到 2.2 万美元，超过台湾。还有像是佛山，电影里面的武术之乡，这个珠江三角洲的后起之秀，很难想象它已经是一个有 600 万人口的都会与电器产业重镇，而且还在快速成长。还有东莞，我们很难想象东莞这样一个台商聚集之地，也具备全球性城市的条件。

我再举一个例子，2011 年底《经济学人》（*The Economist*）杂志用中国与美国这两个超级经济体过去 10 年和未来 15 年在各个重要指标上的对比，来说明中国快速兴起的面貌。《经济学人》用了很多其他指标，不只是 GDP。最简单的如钢铁生产量，这方面中国在 1999 年就已超过美国，2011 年更是美国的 6.6 倍。你可以说这不重要，因为美国早已进入知识经济时代，所以钢铁业不是一个美国必须发展的产业。但又比如到了 2001 年，中国的手机使用数量就已超过美国，2011 年也增长为美国的 3.3 倍。出口总值更不用说，中国在 2007 年就已经超过美国，目前也已超越德国，成为世界最大出口国。

2010 年出现了巨大变化，中国在多项指标上一举超过美国，主要是因为 2008—2009 年发生全球金融危机，美国首当其冲，所以整个西方国家的经济增长减缓，但中国却持续增长。2010 年中国超越美国的指标很多，包括制造业的总产值、能源的总消费、汽车的总销售，还有技术专利的数量等等。根据《经济学人》的这份分析，2023 年中国会成为全球最大的消费市场，距离今天并不太久。习近平所代表的第五代领导人若能领导中国继续平稳发展，这个重要指标的超越差不多能在其任内完成。现在中美之间最大的差距在军事支出，中国军事支出目前仅占美国支出的 22%左右，但若按照中国目前的国防支出增长比例与占国民生产总值的比重，根据《经济学人》的估算，大约在 2025 年中国的国防支出就可能超越美国，可以想象这将是多大的国力消长变化。习近平、李克强领导的中国，不论政治、经济、军事与国内社会结构，未来十年内都会发生重大转变，在全球政治经济舞台的角色也会出现重大变化。[53]

如何理解中国的兴起

要理解中国兴起对世界带来的冲击，首先要对中国的发展模式有一个客观的比较，才能全面地理解。到今天为止，很多西方与亚洲周边国家的社会精英还很难客观而全面地理解中国的发展经验，他们还多半处在落后、追赶、补课的阶段。为什么会出现巨大的认知落差或知识匮乏？很重要的原因是，其他国家太容易用自己熟悉的历史知识和认知框架去理解中国的发展模式。这一倾向无可厚非，但很可能得不到全面的理解。我们的认知基础，事实上充满着以西方为中心的谬误与偏差，自己却浑然不知；我们很习惯这种思维，以为那是唯一的角度和视野。美国的政治领袖与社会精英更是如此，总是以自身的价值观与历史观来衡量中国，选择性地吸收有关中国的信息，很难从一种非常客观、平衡的角度去理解中国。如果不调整原来那些先入为主，形成偏见和选择性认知的思维架构，我们就没有办法形成真正平衡的理解。

首先可以从人类经济发展历史角度来看。我们可以这样定位过去 30 年或整个 20 世纪后半叶的中国，有人把它叫作“奇迹”，认为是人类历史上最快速的持续性经济增长，因为它增长的速度事实上超过了“亚洲四小龙”的纪录，超过了明治维新时期的日本，也超过了美国南北战争以后的快速崛起过程，更超过了 19 世纪德国的兴起，以及更早的其他西方先进工业化国家的现代化速度。不仅如此，它还是人类历史上最大范围的工业化，历史上没有任何一个国家或社会能以这种速度，在那么大的规模与地理范围内进行快速工业化。这是史无前例、空前绝后的。中国也完成了人类历史上最大规模的消灭贫困运动，有 3 亿多人在改革开放过程中超越联合国所界定的贫困线。

我们也从来没有看到过任何一个新兴工业化国家，能够在国际分工体系中以那么短的时间进行越级式、跳跃式的升级。

今天中国在国际分工中，既是低端的，也是高端的，横跨劳动力密集与技术密集的产业。韩国等国家和地区常常希望与中国形成“垂直分工”，但这个选项已经消失了。中国的国际分工既是垂直的，也是平行的。它可能仍旧在生产劳动力密集型的产品，例如成衣、雨伞，甚至圣诞节的装饰品；同时，它也有能力把卫星发射到太空轨道上，可以帮其他国家建造最先进的高速铁路。华为的通信设备与交换机，绝对可以和世界上任何一个品牌大厂相竞争。中国能够同时跨资本密集与技术密集产业，又继续在劳动力密集产业保有一席之地。

中国本身也是一个庞大而复杂的经济体系，内部有着巨大的差异。它能以最快速度融入世界经济，加入世贸组织是一个关键；从 2001 年到现在只有十余年光景，它已经是全球最大的出口国，超过德国。从平均关税来看，中国经济的开放程度超过绝大多数发展中国家。历史上也从来没有其他发展中国家能够在全球吸引那么庞大的跨国资金，中国企业还可以参与跨国金融，更直接就发展建设了达到 21 世纪水平的通信和基础建设。

在 2009 年全球金融危机后，中国经济的龙头地位更为突出，它开始取代美国，成为拉动世界经济复苏的火车头。单就以名义 GDP 衡量的经济规模来看，它对世界经济增长的贡献从 2008 年以后，就一举超过美国，然后一路领先。未来几年，中国巨大的经济总量与每年 7%左右的增长速度，意味着它将稳居引领全球经济扩张的龙头地位。根据国际货币基金组织估计，2015 年全球生产总值增量的 24%将源于中国的贡献，明显超过美国的 22%。[54] 如果以购买力平价计算，2015 年中国的国内生产总值的增长为 1.2 亿美元，这个增量将超过其他所有亚洲国家按购买力平价法计算的 GDP 增长的总和。这些是我们从各种指标，来给予中国兴起的客观历史定位。

如果我们执着于名义 GDP（也就是根据现行汇率与生产物品和劳务的当年价格）的计算方式，中国经济体看起来会小一点。如果改用购买力平价即 PPP（Purchasing Power Parity）方式来估计的话，根据荷兰经济学家安格斯·麦迪逊（Angus Maddison）的计算，事实上中国在 1982 年就已经超过了德国，1992 年超过日本。[55] 到了 2006 年，中国的经济总量已经相当于美国的 86%了。按照这个估计，当时世界银行预测到 2014 年，中国经济总量就会超过美国；2020 年中国的经济总量将占全球经济的 19%，美国将只占 16%。[56] 当然，有少数人会质疑这些估计，但有更多的国际机构觉得这个估计可能还略显保守，因为以上的估计对于美国以及欧洲国家未来经济增长的假设可能还过于乐观。

三个特殊优势条件

这样一个快速的、大规模的、史无前例的兴起是如何办到的？简单地说，中国发展模式得力于三个特殊条件：第一是特殊的政治体制，第二是充分发挥“大”的优势，第三是在全球化时代发挥了“后发优势”。

很多研究中国发展经验的学者，都忽视了特殊的政治体制带来的优势。一般流行的看法都认为，从 1949 年新中国成立到 1978 年“改革开放”这前面 30 年都浪费掉了，走了很长的冤枉路，甚至可以说完全是“黑暗时期”。这个认知并不正确，至少是以偏概全。客观来说，这个时期不完全是白费，中国在这个时期以极为高昂的社会代价，牺牲了很多人，建构了日后改革开放的政治与社会基础，这个基础让其他发展中国家根本没有办法模仿，只能理解而难以复制。

1978 年之前的 30 年，中国建设了动员能力特别强的现代国家体制，这个体制在中国历史上、在这片土地上从来没有出现过，其动员、渗透的能力达到社会的最底层。中国建立了非常强的国家意识，可以将社会中多数人的意志力凝聚在需要最优先发展的目标上；在民族复兴的大旗帜下，中央政府享有调动全国资源集中使用的正当性。另外，中国完成了一场相当彻底的社会主义革命，它把私有财产权，尤其是最重要的土地资本与工业资本国有化或集体化。除了农村土地外，这个庞大国家的集体资产大部分是国有资产，这成为中国后来 30 年快速发展的资本。其他很多国家没有走这条激进的革命道路，很难复制这个历史条件。

如果拿中国与印度相比，政治与社会体制对经济结构转型的提振或制约作用就很明显了。1950 年代的中国与印度几乎处于相同的贫穷与落后状态，但经过一甲子之后，在联合国开发计划署编列的“人类发展”（human development）所有指标上，中国的长期表现明显优于印度。2011 年印度的成人识字率仍未达到中国 1990 年的水平，2013 年印度成年人平均受教育年数仅仅与 1985 年时的中国相当。在民众的健康、卫生和平均寿命等各种指标上，印度落后中国的幅度都超过 20 年以上。两者在经济发展水平与经济规模上的差距，更是日益扩大。1991 年印度的名义 GDP 为 2 900 亿美元，中国是 4 150 亿美元；2001 年，印度达到 4 980 亿美元，中国则为 13 240 亿美元；2013 年印度为 1.8 万亿美元，中国则突破了 9 万亿美元，差距拉大为四倍之巨。

西方媒体总是给印度冠上“世界上最大的民主国家”这个头衔，但印度的民主只是空有其表，无法有效增进大多数民众的福祉；大多数印度百姓的人身安全（尤其是妇女与穆斯林）与基本需求仍得不到保障，还必须长年忍受贪污横行、效率极低的官僚体制。尽管印度过去 15 年的经济发展速度十分亮眼，但是在减少城市贫困人口，解决农村土地分配严重不均，消除贱民阶级与妇女受到的社会歧视，化解族群间暴力冲突，消弭黑社会对贫民窟的渗透与宰制等问题上，进展十分缓慢。大多数在中国与印度两地均深入做过田野考察的学者都承认，中国的政治体制在引导社会追求“最佳的选择”，以及在增进社会绝大多数群体的福祉上，要比印度更具优势、更具效能。

上海与孟买的对照

印度总理辛格（Manmohan Singh）在2004年视察印度第一大城孟买时，曾发下豪语：“孟买在数年时间内将出现惊天动地的变化，使人忘记上海，转而只谈孟买。”他心目中的目标是，让孟买在2015年超越上海。这只是政治人物的口头支票，不能当真。

2008年，由于《贫民窟的百万富翁》（*Slumdog Millionaire*）这部奥斯卡金像奖名片一夕爆红，让从来没有去过印度的人对孟买贫民窟的实况大开眼界。不过大家可能不知道，当时孟买的1 400多万的人口中，有60%的人是住在贫民窟。有一个叫达拉维（Dharavi）的贫民窟，紧靠着孟买金融中心，可能是亚洲最大的贫民窟，居住着100万人，每一个人平均居住面积不到3.3平方米，没有正常供水，平均1 400多人使用一间厕所，苍蝇乱飞、老鼠横行，各种传染病频发，堪称人间炼狱。孟买的贫民窟里有很多民间志愿者组织，真心诚意地为贫民服务，例如办教育与提供医疗服务等，但真正在贫民窟里呼风唤雨的势力是黑社会老大。黑社会控制水电，掌握像奴隶一般的童工与娼妓，他们长期包养警察，还与政客勾结，让孟买的贫民窟成为一些政客的稳定票仓。孟买市政府过去 15 年推动的贫民窟改造计划，像蜗牛爬行一样慢，还比不上重庆市一季的棚户改造进度。

孟买在印度经济体系里的核心地位，与上海相当。孟买集印度金融中心、经贸中心、海运中心与创意产业中心于一身。这里汇聚了印度将近一半的财富，高达 92%的股票在此交易；这里也是印度对外贸易的中心，全国一半的进出口集装箱都经由孟买港吞吐。孟买的影艺娱乐事业特别发达，音乐厅、艺廊、剧院与夜总会不计其数；这里更是电影工业中心，别号“宝莱坞”，每年制作 1 000 多部影片，数量上已超过美国的好莱坞。

孟买的人口规模迟早会超过上海，不过在城市建设上，孟买想要追赶上海，还有很长一段路要走。上海现在已经拥有世界级的基础设施，而孟买的基础设施仍停留在第三世界的水平，还有将近一半的人口居住在贫民窟。根据麦肯锡公司在 2010 年所做的估计，孟买在未来十年需要投资 2 万亿卢比（注：约合人民币 1 946 亿元)，大刀阔斧改造城市基础设施，才有可能成为名副其实的国际化大都市。但是孟买很难复制上海过去 20 年的神速建设。首先，中国高效率的政经体制可以大幅缩短公共建设的时间。上海建设一条地铁线，从规划、征收、发包到完工平均只要 4 年，这在行政效率低下的印度是不可想象的。

其次，孟买根本没有足够资金全面改造基础设施。中国的一项制度优势，就是都市土地原来都是国家拥有，地方政府是靠“土地批租”来筹措基础建设资金的。例如，上海浦东新区开发完全不靠中央政府的财政挹注，由于当地的土地批租价格不断上升，政府的建设财源就滚滚不断。孟买有大批纺织厂用地可以再利用开发，不过这些土地是由地主直接转卖给民间开发商，造就不少富翁，但对地方政府的财政帮助有限。绝大多数城市建设所需要的公共设施建地原来就是国有的，只需要给予原使用单位或当地农民拆迁补偿或土地交换，不需要经过漫长的征收程序。

过去中国在强调社会主义市场经济优越性时，很多人无法理解，但将上海与孟买两相对照，我们就可以理解为何有学者主张，中国经过前 30 年的社会主义阶段并非全然是一场历史错误。社会主义让城镇土地全面国有化，改革开放又让国有土地重新进入市场，成为最重要的资本来源与城市建设资源，此乃中国城市得以快速发展的独门秘诀。

充分发挥大的优势

另外，中国充分发挥了“大”的优势。我在台湾大学为研究生开的“中国大陆政经社变迁”这门课上，开宗明义跟他们讲：“理解中国时，有三件事情你要记得：第一个是中国非常大，第二个是中国非常非常大，第三个是中国非常非常非常大。”大可能是负担、是巨大的包袱，但也可以变成巨大的优势。

中国可以充分发挥“规模经济”优势，可以完全发挥它的磁吸效应。现在很多关键性核心产业，没有规模是没办法发展的，根本不可能建立。韩国不可能建立一个航天工业，中国台湾也不可能建构一个高铁的产业体系，因为没有市场和规模。全世界航空集团严格说起来，到今天为止只有两个，一个是波音公司，一个是空中客车公司，而且空中客车把欧洲所有国家的资源、人才、市场整合在一起，才有可能跟波音抗衡。第三个最有可能出现航空集团的国家就是中国。如果把这个巨大规模的潜力展现出来，那它就将产生巨大的磁吸效应。

全世界所有跨国公司没有不挤破头要进入中国，先插个旗、占个位置的。不只跨国公司的董事会，连美国排名前 50 名的大学校董都会问：我们学校有什么大中华战略（greater China strategy)？作为校长，你必须要回答出来，你回答不出来，就代表你的大学在 21 世纪没有一个前瞻性的规划。英国的诺丁汉大学洞烛先机，2004 年就率先在宁波设置分校。从 2006 年开始，耶鲁、哈佛、芝加哥、斯坦福大学争先恐后地在北京或上海等地与当地大学合作设置中国中心，为每年大批来中国的交换学生与访问学者提供服务。最近纽约大学与杜克大学也陆续在上海与昆山设置海外分校，还有更多的美国、英国与澳大利亚名校准备跟进。

世界500强企业的CEO也是一样，所有跨国企业都必须制定大中华战略，必须设法在中国市场立足；韩国的现代汽车更是将中国列为最重要的市场，年产30万辆的生产线已经扩充到第五个厂。2013年现代汽车在中国的销售额接近100万辆，是韩国国内销售量的3倍，也比美国市场的销售额高出70％。

在跨国企业抢着破门而入的情况下，中央政府可以对外资要怎么进入中国设定很多特别的、一般情况下跨国企业不会轻易答应的条件。比如，美国通用汽车进入中国，就把一个新的研发中心放在上海。任何其他国家说“你得来我这里设研发中心”，通用汽车根本不会理它，因为它们没有“市场”这个谈判筹码。空中客车公司将唯一的海外组装生产线设在天津，因为中国是未来20年全世界最大的民航机市场。

也因为有这个规模，中国就有自己完整的科技体系、产业体系。中国发射一颗人造卫星，里面需要的所有知识与技术体系它都具备。中国改革开放前30年的自力更生，逼着它去建立一个完整体系，虽然体系的水平可能参差不齐，有些接近国际一流水平，有些还很落后，不过没有关系，一旦具备这样的体系，它要追赶、要学习、要模仿、要改良都很快，无论是航空母舰、隐形战机、核能电厂、智能电网或是高速铁路都一样。

另外，日本人过去常常讲“东亚雁行效应”，或者说“雁行理论”，就是说东亚可以形成一个“垂直分工体系”，日本是领导者，后面跟着“四小龙”，再后面跟着东盟，也就是第二梯队的新兴工业化国家。但是中国的规模大到自己内部就可以产生雁行效应，内部就可以进行垂直分工，也就是说，中国的成长动力可以从沿海到中部，再到西部，再到大西部，其中分成好几个层次，因为中国各地区有不同的发展条件，包括劳动力成本、土地价格等。在改善生产力的时候，不同地区也有不同的改善空间。所以当沿海地区的经济增长速度开始减缓时，中部省份以及大西部还有很大的增长潜力，可以像接力赛一样，延长中国经济增长的高峰期。

全球化时代后来居上

中国模式的第三个特点，就是“后发优势”。中国在过去30年充分掌握着后发优势。后发有时候是可以先至的，其中有很多要诀，譬如说，你可以学习过去的成功经验，避免错误，少走很多冤枉路。特别是如果你有能力去模仿、复制，然后在复制的基础上再去改良的话，就可以进步非常非常快。

中国明显地采取“蛙跳式技术更新”。当中国要安装一个有线电话都很困难的时候，另一方面却是一举跨入了无线与数字通信的阶段。同样地，中国可能在第三代移动通信的技术方面输给韩国与西欧，但它现在已经开始布局第四代以及第五代移动通信。中国的传统金融服务业还没有充分市场化，但网络金融却已经冲到全球的最前缘。这就是我们讲的“蛙跳式技术更新”。

1994 年，一条带宽 64K 的国际专线让中国互联网正式与国际接轨，被全球互联网管理单位正式承认为第 77 个拥有全功能互联网的国家。经过 20 年的发展，中国的网民数量已突破 6.23 亿，中国成为全球互联网最发达的国家之一。中国在所有网络科技革命时代的前端领域，包括电子商务、网络金融、4G 移动上网、云端计算、大数据、物联网等都展现出万丈雄心，颇有后来居上之势。2014 年 9 月，阿里巴巴在美国华尔街上市当天，总市值就冲破了 2 400 亿美元，一举超过“脸书”。

中国在 1990 年代末开始引进高铁技术时，吸收了所有成熟的高铁技术，当时引进了日本川崎重工、法国阿尔斯通、德国西门子、加拿大庞巴迪的产品和技术。经过十多年的消化整理，中国开始朝向统一的技术标准和自主研发体系迈进。由于庞大的经济规模与地理幅员，让中国在高速铁路领域的技术，享有世界上其他国家没有的优势。到 2013 年底，中国境内营运中的高铁总里程已经突破 1 万公里，比全世界其他高铁系统加起来都要多，未来几年还会以每年 4 000 公里以上的速度增建，到 2020 年，中国境内运行时速在 200 公里以上的高速铁路里程将会超过 3 万公里。

由于高铁的新增市场需求如此之大，中国高铁的研发单位每隔几年就可以推出新一代的动车组，技术质量不断提升，并快速向百分之百国产的目标迈进。此外，中国幅员辽阔，地理、气候条件复杂，例如，沈阳到哈尔滨的高铁是属于高寒地带的高铁，其他国家没有尝试过；在新疆沙漠地带运行的防风沙动车组，国外也没有尝试过。中国的动车组每天都在这么长的线路上跑，积累了很多技术、营运与维修上的经验，这些是德国、日本或法国没法比的。

另外，中国改革开放的时机，让它成为全球化的最大受益者。无论是生产、产品营销还是金融整合，全球经济都在这个时期突飞猛进。过去 30 年里，全球化脚步加速，跨国企业进行全球生产布局，资金跨国流动的限制一一解除。当然，还有很多要素配合，包括贸易自由化、通关的便利、集装箱运输、数字通信、资本市场开放等等。所有这些条件都在最近 30 年到位，中国也正好掌握这个历史机遇，并发挥了后发优势。

21 世纪工业大国

英国《经济学人》杂志最近以封面故事分析了为何劳动力

成本上升不足以动摇中国大陆在全球供应链中的主导地位。文章指出，中国大陆的制造业有三项优势。首先是在向高附加价值产品移动之时，也紧抓低成本产业。举例来说，中国大陆占全球成衣出口的比例持续上升，从2011年的42.6%上升到2013年的43.1%。中国大陆企业运用更多自动化生产提升生产效率，抵消了工资上涨带来的不利因素，加上官方持续兴建各项基础建设，使中国大陆能抓稳制造业。文中也引用麦肯锡顾问公司（McKinsey & Company）的调查显示，从2007年到2012年间，中国大陆的劳动生产力提升了11%，同期泰国和印度尼西亚的劳动生产力增长率分别只有8%和7%。

中国大陆制造业第二项优势是“亚洲工厂”。随着微软及丰田等跨国企业将工厂由中国大陆转进东南亚国家，中国大陆成为此地区供应链的中心。

第三是中国大陆的消费市场越来越重要。随着中国大陆消费能力的提升，“亚洲工厂”可以在高利润产品的市场和服务业享有更高的市场占有率，这也使中国大陆扮演亚洲供应链的角色越来越重要。这也意味着东南亚国家不见得会因为低成本制造业从中国大陆移入，就能重新复制产业与经济高速增长。由于科技的进步，制造业已经不像过去那样能促进就业和带动收入增长。中国及少数邻国也许是最后一批通过大量熟练工人制造廉价商品而走上发展道路的国家。[57]

中国的经济决策者，最近也从德国的“工业计划4.0”中得到灵感，在 2015 年 3 月正式推出“中国制造 2025”规划，并纳入李克强总理给十二届全国人大三次会议的政府工作报告。这个企图心强烈的产业发展规划，将全力推进创新驱动、智能转型、强化基础、绿色发展这四大主轴策略，让中国在 2025 年正式跨进制造强国门槛，最终在 2045 年成为具有全球引领影响力的制造强国。

产业趋势专家安德森（Chris Anderson）2014 年 5 月到深圳参加一年一度的“制汇节”（Maker Faire），他对中国厂家的创新能力印象深刻。他判断伴随着全球制造业进入虚拟化时代，中国的制造业有机会后来居上。他认为中国的制造业在 5 年前（也就是 2009 年）就已经逐渐摆脱“山寨”阶段，而快速跃升为全球最有竞争力的定制化生产者。

当制造业进入虚拟化时代以后，数字自动控制技术将普遍运用在自动化生产过程中，从而大幅提高生产过程的灵活性，并全面降低产品定制化的门槛。小订单与传统大规模生产的边际成本将逐渐趋同，因此所有个人的创意才能都可以被释放出来，完全不需要大型企业组织作为媒介，任何个人都可以设计创意产品，也就是人人都可以为“创客”（maker），设计工作可以完全数字化，然后通过网络来对接愿意接单的生产者，而生产者也是通过网络来整合供应链的资源。

现在无论在美国或非洲，当一个“创客”设计好一种新款专属礼品或特殊机械设备后，只需要在网上与中国大陆厂家沟通一二十分钟，不到两个星期，他需要的几千个精巧的特别定制产品就可以顺利取货。安德森预言未来中国大陆将成为满足全球“创客”订单需求的最大及最完整的生产供应基地，这也意味着这一波的中国大陆制造业升级即将在全球掀起一场新的产业革命。[58]

中国特色的政治经济体制

到今天为止，中国的经济体制还是“社会主义市场经济”，也可以叫做以市场为导向的社会主义经济体系，这是中国官方对自己国家经济体制的界定。我们要对这个概念认真对待，不要把它看成一个宣传或包装，其实它透露了这个体制一些很重要的特征。它充分运用市场机制，来调节大多数商品市场以及劳动市场的供需，以价格来引导资源分配。从这个方面讲，它充分运用了市场机制，对促进中国整个经济体系效率的提高有很大的正面作用。

在所有权方面，这一经济体制是有多种所有权并存的，它们之间既竞争也共生，彼此共同发展与相互引导。它们有国有的、有集体的、有民营的、有外资的。国有企业今日在中国，仍主导着整个经济体系中最骨干、最核心的部门。如果你去看上海的上市公司，前 20 大甚至前 30 大的公司都是国有的，无论是金融、能源、运输、通信、石化或钢铁企业，都是国有企业的天下。

到今天为止，中国还坚持农村土地仍旧是农民集体所有，不会轻易地跨出完全私有化这一步，因为私有化很快就会使农民丧失土地，这会导致农村出现社会结构的剧烈变化，例如土地兼并、农民流离失所，中国历史上这种教训班班可考。所以这不是从共产党的意识形态出发，而是根据中国自身的历史经验教训来思考这个问题。

中共领导精英也不断试图解决发展过程中所出现的社会不均衡问题，当然，目前已经做到什么程度见仁见智，但这个自我修正与响应社会需求的动力还是存在。这个政权不断试图追求平衡发展，包括让社会保障体系覆盖面更完整，尽可能用财政移转支付来化解城乡、区域、劳资、发展和环境之间的矛盾。如果从中国自己的历史角度去看，有一些措施也是史无前例的，包括：取消所有的农业税；对于农村的医疗与基础教育，由中央与地方财政全面进行补贴。这也是中国历史上三千年未有的大变。

中国政治体制最突出的设计就是“一党执政”。这个体制表面上看起来和世界潮流有点格格不入，但观察的重点应该在于一党执政如何维持政治稳定和治理能力。有几个值得注意的地方，一个是它解决了继承危机问题和个人独裁问题。一般而言，一党执政常常很难克服这两个门槛。但自从毛泽东以后，中国建立了一些制度去克服这两个门槛，一个是任期制，一个是集体领导。邓小平之后，中共经历了两次最高领导人更替，分别是中共十六大选出胡锦涛担任总书记，以及中共十八大选出习近平担任总书记，这两次领导人的新老交替分别展现了中共的任期制和接班制的实际运作，也就是领导人有任期限制，在位最多两任（十年），预定接班的人选在五年前就经过党内协商后浮现，然后让这位接班人有五年时间见习，做好全面接班的准备。在中共体制下，各级政府与机构都有常委决策机制，解决了个人独裁问题，贯彻集体领导。所以说中国的中央政治局常委就像一个非常强势的"总统"——当然这个"总统"是由所有常委一起做，各自有各自的分工，只有最重要的决定要寻求共识。

另外，这一体制也在不断提升自己的执政能力，来适应快速变迁的社会环境。中国共产党最重要的任务之一，就是提供人才筛选和内部竞争的机制，让有一定资历、条件与能力的人，能够在这个体制里循序渐进，承担更重要的责任。这个体制也鼓励地方政府在公共治理方面不断创新。中央政府本身还扮演核心的统筹角色，因为它仍有一个相当大的协调和制衡机制掌握在自己手上，包括大军区制、人民银行大分行制，中央控制基本能源、运输、通信、国土资源，也控制宣传工具与人事任命权，这些都是中央面对地方时可以发挥节制作用的关键手段。

但另一方面，中国又像是实施“联邦制”的国家，省这一级的政府职权在有些领域比美国的州政府还要大。这个分权体制没有宪法作为依据，但在实际运作中却也体现联邦制的若干特色，各个地方政府可以因地制宜，进行各种不同形式的试验创新。其结果是，中国内部出现剧烈的区域竞争，不仅省和省直接竞争资源、人才与资金，甚至县和县之间都要竞争。例如，苏州辖下的昆山，从一个农村突然一跃变成一个高科技产业重镇，接下来旁边的城市像是无锡和常州，都开始模仿它，都想变成另外一个昆山。

这一体制也有足够诱因，让地方政府本身成为利益主体，所以地方政府就是有能力调动与统筹自身管辖范围内各种资源的企业集团，政府首长就像企业集团的 CEO。中国普通的一个省就等于欧洲的一个中型国家；沿海省份一个经济比较发达的地级市的 GDP，就相当于一个全球 500 强企业所创造的附加价值。

黄奇帆与重庆经验

说中国负责经济发展的一位省长或直辖市市长，其责任与能力就好像一个超级跨国企业的 CEO，这个比喻并不过分。一个最典型的例子，就是长期在重庆市主持经济发展的黄奇帆市长。我举他做例子，是因为我曾多次去重庆实地考察，也曾与黄奇帆做了一次长达三小时的深入访谈。

黄奇帆不仅是开创“重庆经验”的首席功臣，也是1990年代开创“浦东经验”的重要人物之一。他在2001年到重庆工作之前，曾担任上海浦东开发办公室副主任以及上海经贸委主任等职，全面参与上海资本市场的建设。他最让人称道的作为是，引进了灵活的“开发融资模式”，在短短十年间让浦东跃升为拥有最先进基础设施的世界级金融中心、航运中心以及物流中心。

他创设一系列以国有储备土地入资的建设投资集团，让这些集团利用公共设施（机场、港口、隧道、开发区等）的未来收益，以及基础建设所创造的土地增值利益，作为担保品或进行证券化，向银行与资本市场融资。这些投资集团不仅让浦东新区建设取得财源，也让国有资产享受快速增值，创造了“国富民丰”的双赢局面。

重庆市在1997年成为中国第四个直辖市之后，灵活运用了中央给予的特殊政策，自行筹措城市建设财源，不靠中央财政补助。不过，重庆的先天条件远远无法与上海相比拟。重庆不但深处内陆交通不便，也缺乏高素质的人力资源，70％的居民原来是农民，辖区内到处是山谷与丘陵，还要背负安置来自三峡地区百万移民的重担。

黄奇帆来到重庆担任副市长之后，再度施展他的长才。他将政府拥有的固定资产、国债资金、财政资金以及储备土地资产等集中运用，陆续创立了8个大型国有投资集团，让它们取得很高的信用评级，然后通过向银行贷款、发行债券、股票上市，以及将优质资产注入上市公司再融资等多种手段筹集资金，这些国有集团成为加速基础建设与带动新兴支柱产业的先驱。与此同时，重庆市在这些国有集团之间构筑了防火墙，政府不为集团提供担保，集团之间也不准相互担保，避免了“道德风险”。

到2013年底，重庆市属经营性国有资产突破1.8万亿元人民币，比2002年的1 700亿元，增加了近十倍。民营与外资企业得到蓬勃发展的机会，重庆市基础建设突飞猛进；同时，由于国有资产收益让市府财源充裕，重庆市可以大幅减免企业的所得税。其他邻近省份因为仍高度仰赖税收，无法利用这个中央给西部各省的特许政策。

重庆市政府不但带领重庆从内陆城市向国际贸易型城市转型，而且将重庆打造为宜居城市，吸引全国高学历人才流入。除了工作机会的诱因外，重庆市政府有能力让房价与所得增长维持平行的关系，举例来说，一套100平方米大小的市区内中低价位住宅价格，不超过中等收入家庭6.5年的总收入。黄奇帆控制房价的手段包括：调节国有土地的释出；政府兴建的经济适用房与廉租房规模达到住房供应量的20%以上；通过对信贷指导，将房地产业投资额控制在全市固定资本投入总额的

25％之内，并让国有房地产公司也参与市场竞争，不让民营房地产集团垄断定价权。

善用内陆优势，打造全球电脑重镇

重庆也利用充裕的地方财源，加速推动城乡一体化，为自愿放弃农民身份的城市新移民兴建大量的廉价住房，提供技术培训，纳入社会保障体系。重庆同时达成了以中心城市带动卫星城镇、以城市带动农村、以提高居民所得带动内需产业等三大政策目标，其发展模式成为近年来中国最受瞩目的发展模式。

重庆市也是在黄奇帆任内，成为全球笔记本电脑的重要生产基地。郭台铭旗下的富士康公司第一次跨入笔记本电脑生产领域，就选在重庆设立 2 000 万台笔记本电脑的生产线。为了巩固与惠普的供应关系，广达也不得不跟进，选择落脚重庆。

外界很少人知道，郭台铭的这一步棋是在 2009 年 2 月黄奇帆拜访鸿海总部时启动的。当黄奇帆抛出这个方案时，预定半小时的拜会立刻延长为三个半小时的工作会议。黄奇帆之所以能打动郭台铭，是因为他手上已经握有惠普这张王牌。

黄奇帆能够在 2008 年将惠普引入重庆，是因为他掌握了高阶笔记本电脑供应链每一个环节的成本结构与物流管理需求。他向惠普首席执行官推销重庆时，拿出电子表格展示重庆与中国沿海城市相比各项成本上的优势。他锁定笔记本电脑，是因为他知道笔记本电脑75%的零组件都是靠空运，重庆的内陆位置并不吃亏。这些高价位、小体积的零组件从日本、中国台湾或新加坡空运到重庆进行装配，运费要比去上海贵一点，但制成品往西空运到欧洲与美国东岸市场时，运费会下降。

黄奇帆希望惠普信服重庆不仅投资条件优厚、地理位置不吃亏，而且有足够的研发人才。他让惠普先在总面积10平方公里的西永微电子产业园区内，设立200万台的笔记本电脑生产线作为试点，而且部分内销。一年以后，惠普承诺选择重庆作为下一个全球笔记本电脑生产基地，规模高达3 000万台，并开始引入供应厂商。

建设笔记本电脑出口基地，只是重庆布局高科技产业的第一步。黄奇帆也为重庆打造了国际物流大通道。2012年开启的第三座欧亚大陆桥，被称为“渝新欧”新丝路，“渝”指重庆，“新”为新疆，“欧”是欧洲，为横跨欧亚两洲的铁道运输路径，全长11 179公里。不适合空运的电子产品，从上海出发走海运到欧洲需37天；从重庆出发经新疆、中亚、俄罗斯到欧洲，只需16天时间。从黄奇帆的身上我们可以看到，一个社会主义市场经济体制下的成功城市领导人，必须两手都要硬：市场经济这一手，要能跟超级跨国企业的CEO旗鼓相当；社会主义这一手，要能充分发挥政府的经济计划职能与社会利益调和角色。

世界上最复杂的人力资源管理

中共政治体制面对的最大挑战，就是如何进行人才选拔与淘汰不适任的人，确保适当的人被摆在适当位置，并且受到监督。从这个角度来看，中共中央组织部是全球任务最艰巨的人力资源管理部门。这个人力资源管理部门面对的管理挑战，远远超过世界上最大的公司——不管是美国通用汽车还是微软。事实上，它也远超过我们认为最庞大的一个官方机构——美国国防部。

从某种角度来看，中国共产党内部关于人才筛选、定期淘汰与选拔竞争的机制，很像美国国防部的人力资源管理。为什么？这是一个封闭体系，所有领导层级干部都是由内部晋升。你想要做总司令，不可能空降，必须从少尉开始做起，从体制里逐级而上。不是每个少尉都有机会做到上尉，不是每个上尉都有机会做到上校，也不是每个上校都有机会做到少将。最后到了顶端，只剩下中央政治局常委；同样道理，美国军队中有几个四星上将，有几个三星上将？

这样一个金字塔体系，要用什么机制去管理、筛选？这是一个庞大的、极为艰巨的任务，其他人类社会从来没有面临过这样的挑战。在离中南海不足一公里的北京西长安街南侧，坐落着一幢没有任何标志的大楼。大楼坐北朝南，与东西两侧的配楼、南侧的门楼合围成一座三合院式的封闭院落。院内的中央绿地、东西两侧的下沉式庭院以及周边宽阔的绿化带，共同营造出一种宁静氛围。整组建筑，与西长安街对面繁华、喧嚣的西单商圈形成了强烈的反差。这就是中共人力资源管理的总部：中共中央组织部。中共的组织系统，管理着全国 8 000 多万党员，大约 60 万党政领导干部。

中国的政治体制，虽然没有西方经验定义下的民主机制，但它自己的社会主义民主机制也不是纯粹表面的东西，而是有它实际的作用，最重要的就是干部选拔与考核。在中国，很多地级市组织部每年都要委托民调机构，针对这个市的所有政府部门进行民意调查，看民众对这些机构的表现满意或不满意。凡是评分最后一名的部门都会被警告，第二次再评分位列最后一名，领导人会被撤职或调职。还有，很多单位在进行内部提拔之前，会公布合格的候选人，然后让这个单位的所有成员对这些候选人进行匿名投票。这些例子说明了中国有自己摸索出来的制衡与问责机制。

很多中国城市，尤其是沿海地区经济比较发达的城市，市民参政要求高，这些地方的政府都有设置纳入利益相关者意见的咨询与协商机制，重大建设必须要让居民或者是利益攸关群体参与协商机制。另外，地方政府有时候不一定会教条式贯彻中央的政策和要求，可以体现因地制宜的灵活弹性。

中国近年来不断涌现群众抗争事件，这未必是政治不稳定的征候；换个角度来看，这些事件频繁地出现，意味着这个体制也允许社会矛盾和压力的释放，上层其实在一定程度上是默许串联、举报、上访甚至抗争的。集体抗争是地方民众面对无法容忍的事情时，最可能采取的自我保护手段，采取这种激烈的手段就是要让问题曝光，曝光以后中央政府就会派人调查，看到底是怎么一回事，很多时候就会揭露弊端。现在中共领导层对于处理大规模群众抗争事件有非常严格的要求，对于大规模群众事件地方的党政一把手要亲自处理，而且绝对不能轻易动用公安或武警介入。

这些都是中国在面对一个快速变迁的转型社会时的举措。中国实际上不断在调整自己内部的很多机制，去化解社会矛盾，让社会利益也有一定的表达机制，以及形成对干部的制衡，即“问责”。中共中央从 1999 年开始试点推行领导干部任期经济责任审计，2004 年全面实施，先从副厅级以上干部开始，领导干部在任内经手的预算与费用要经过审计才算完成离任手续，在审计过程中常会发现贪腐与滥权问题。多年来这项制度已经日益完善，并逐级向下推行，不但覆盖国有企业与事业单位，更覆盖村一级干部。2015 年开始，习近平亲自领导的“中央全面深化改革领导小组”通过了《关于开展领导干部自然资源资产离任审计的试点方案》，目的在于杜绝领导干部为求快速经济增长而破坏生态资源的短期行为。

2012年习近平接班后，为了弥补薄熙来事件以及其他高层贪腐案件对中共政权正当性的损害，开始通过王岐山主持的中央纪律检查委员会（中纪委），对贪腐问题进行严厉扫荡。中纪委仿照中国历代王朝使用的明察暗访机制，全面推出中央巡视组，以及各级举报机制。自十八大起算，到2014年底已经有54位省部级干部落马，还果决处置了“大老虎”周永康，打破刑不上政治局常委的惯例。这些例子可以说明，中共内部在不断进行对干部管理的机制调整，有些是借鉴传统治理经验，有些则是与时俱进。

探索中共执政基础

另外我们要去了解，中国长期维持一党执政体制，不可能没有它的文化背景。这个文化背景应该是儒家文化圈内部最熟悉的，因为这个体制实质上建立在满足“民享”，而不是“民治”之上。它的政权基础是很抽象的，可以意会却难以言传，叫“民心”，而不是选票。孟子言：“得民心者得天下”，这原来就是中国传统中获取政治正当性的一个核心概念。儒家思想强调的“民为邦本”，是一种有两千年传统的精英政治模式。这种精英政治模式就是以培育与选拔有才德的人进入政府体系任官，并辅以道德激励、物质奖惩以及监察举报等机制，来维持整体国家治理机构以谋求全民福祉为基本导向，以最终实现“民享”为目标，这就是“民本主义”的要义。中共体制目前仍面对各式各样的挑战与难题，有些难题不容易跨越，但不容忽视的是，这个政治体制的正当性建构在中国传统文化脉络里，有其论述基础。[59]

正因为如此，面对中国政治体制，西方学者非常困惑：中国如何用那么短的时间，完成欧美社会百年的工业化过程？因为根据他们自己的政治经验，如果没有“民治”，怎么可能有“民享”呢？不过中国学者可以反问：菲律宾与印度有“民治”，但是它们有“民享”吗？所以这两者之间也不能直接画等号。

西方学者也发现，他们不但不能否认中国这 30 多年来的具体发展成果，中国在承办北京奥运、处理汶川地震灾难、应对全球金融海啸时所展现的统筹兼顾能力，也让他们必须承认，自己的政府没有这个条件以那么快速有效的方式去应对危机、迎接挑战。

美国《纽约时报》专栏作家托马斯·弗里德曼（Thomas Friedman）的《世界又热又平又挤》书里第 16 章的标题是：“做一天中国，一天就好”（“China for a Day，but Not for Two”）[60]，他在这章里谈到跟通用公司（GE）首席执行官伊梅尔特（Jeffrey Immelt）的对谈，伊梅尔特谈了很多关于下一任美国总统应该推动哪些立法以及采取哪些措施，来引导美国社会节能减碳以及摆脱对进口石油的倚赖。弗里德曼听他讲完这些理想的方案后，很坦白地对伊梅尔特说：你的这些构想我都很赞成，但这些东西在美国现有的政治体制下都做不到，因为美国的利益团体的游说政治一定会否决你这些政策；除非“让我们做一天中国”才有可能一步到位，把这些理想中的法律与政策在一天内搞定，然后第二天开始又恢复美国的体制。

当然，这是弗里德曼半认真半开玩笑的话，但是透露出他认识到中国政治体制比美国体制更有可能达成“社会最佳选择”。他也看到了美国政治体制存在很多严重的问题，担心美国处在不断的内耗过程中，没有办法让这个国家真正有效地应对 21 世纪的挑战。他特别在意美国一定要发展绿色经济，一定要对可再生能源投入大量的研究预算。但他发现，美国石油界与能源界的利益集团太庞大，他们在国会可以左右所有这一类型的立法，所以他才很感慨地提出这个荒诞奇想。

与西方代议民主维持健康竞争关系

现在少数有反省能力的西方学者，也感觉到必须重新检讨“民主”与“非民主”政体的传统二分法，应该用广义的“有效政治秩序”与“良好治理”指标，以及用能否有效达成“社会最佳选择”作为判准，来比较各种政体的表现以及正当性基础。[61]当我们使用这些本质性的指标来比较不同政治模式的优劣时，我们才会对于政治体制的“程序”、“能力”与“结果”三者予以同等的重视。[62]从宽广的历史角度，中国政治体制可以与西方的代议形成一种健康的竞争关系，多种政治体制的并存、相互竞争与彼此借鉴，对于人类政治文明可以产生推进力量。如果西方代议民主变成唯一的选项，很多发展中国家人民恐怕只能长期忍受或迁就质量低下的代议民主，因为其他道路都被堵死。

我最近认识的一位关心全球公共事务的著名金融投资家伯格鲁恩（Nicolas Berggruen），也提出非常类似的观察。伯格鲁恩是 The World Post 新闻网站的创办人，这个网站在全球知识精英社群具有很高的能见度，影响力日益上升。伯格鲁恩最近与政治评论家加德尔斯（Nathan Gardels）合著一本名为《智慧治理：21 世纪东西方之间的中庸之道》的书，提出很多前瞻与大胆的建议，引发很多回响。他与加德尔斯特别强调西方经验与东方经验都没有展现最适合 21 世纪需要的政治体制，应该彼此借鉴对方的长处，西方民主体制也应该汲取东方的政治智慧。他们特别提到，中共体制有引导社会追求长期目标的优势，这是陷入短视、民粹与分裂之当代民主所欠缺的，但像中国与新加坡实行的“东亚家长式贤能政治”也必须纳入公民参与和问责机制，才能适应 21 世纪网络社会。[63]

另一方面，中国政治体制的优越性仍有待更长时间的检验，因为还有诸多难题与挑战需要克服，特别是要逐一化解过去30年快速经济增长所带来的各种不平衡，以及为此付出的高昂社会成本，包括对环境、健康与社会诚信的过度透支。同时，中国发展模式仍然需要根据新的发展形势与挑战，不断进行新的探索与尝试制度创新，因为没有完全现成的历史经验与模式可以依循。

我经常提醒欧美政治学者，中国面临的治理挑战其特殊与复杂程度，已经超越目前西方主流政治学理论与知识的范畴。我们要这样想象，中国的政治体制必须应对人口相当于2.6倍大的欧洲这样一个巨型国度之有效治理挑战。在人口只有5亿的欧洲，欧盟与欧元的制度试验到目前为止还未能证明具有可持续性，一个希腊债务危机就足以动摇欧元的基础；西方政治学者不要自我膨胀，以为当前主流政治学真有能力指导中国如何建构长治久安的政治体制。

平心而论，历史上人类社会累积的各种公共治理经验，面对中国当前所处的历史情境都会显得有所不足，中国人只能自己摸索自己的政道与治道。当代中国继承的客观历史条件——人口如此众多，幅员如此辽阔，国土安全天然屏障如此单薄，各区域气候、地理与人文条件差异如此之大，人口与土地的关系如此紧张，地质与生态环境如此脆弱——先天上就构成巨大的公共治理挑战。如何在这些极为特殊的条件下建立统一的、稳定的、有效的政治权威，既能维护国家安全与民族独立自主，又能够推进快速的经济现代化，绝非易事。中国当前面临的内外动态环境——社会结构与利益群体愈来愈复杂，以个体为单元的主体意识日益牢固，与世界经济体系的依存关系日益紧密，几亿人在农村与城市之间快速跨域流动，网络科技与社会媒体爆发性增长，知识界的意识形态争论既情绪化又混乱，各级公权力机构的独立性也正面临被传统血缘宗派关系与权贵资本主义两头侵蚀的危险——这些复杂的情势更让公共治理的挑战加剧。

尽管挑战如此艰巨，到目前为止中国政治体制仍展现出令人惊讶的韧性与调适能力。展望未来，中国政治体制应该还有很大的制度创新空间与潜力，也仍有必要借鉴各国进步思想与成功的实践经验。例如“审议民主”的理念与“审议民调”（deliberative poll）的直接民主实验，可以在中国更广泛地接地气，让“社会主义协商民主”的内涵更充实、更具可操作性。我 2013 年在台北遇到斯坦福大学“审议民主研究中心”（Center for Deliberative Democracy）主任费什金（James Fishkin）教授，他与何包钢教授领导的团队已经在中国大陆好几处与地方政府合作进行协商民主试验。例如，2006 年浙江温岭市第一个采纳费什金设计的审议民调程序，推出“预算民主恳谈”，让公民代表在预算范围内决定优先启动哪些公共建设项目。这个模式陆续被江苏无锡、广东顺德、安徽淮南采用。[64] 2012 年云南盐津更将这个模式全面纳入乡镇政府的整体预算编列程序，并鼓励群众直接参与并监督预算的执行。

21世纪将是民主试验创新的大时代。网络社会与大数据的神速发展，将为个别公民、利益攸关群体、官僚体系及政府决策者之间的联结、互动与沟通关系带来根本性的改变。在社会媒体蓬勃发展与大数据唾手可得的时代，所有民众都可拥有处理复杂信息的能力。在网络时代，每一个公民都有机会在政策制定与执行的过程中贡献一己之力。人人都可以成为分享知识、意见与信息的传播平台；人人都可以成为激发同道、动员群体、聚集资源的发动机；人人都可以成为督促、监督政府与干部的排头兵。如果能将这样的潜力转化为推进与落实“民主决策”与“民主监督”原则的法宝，将是民主制度的重大突破。

同时，代表中国共产党自身传承的“反官僚主义”与“群众路线”指导思想在网络时代也应该被赋予新的内容与实践方法。中国这一届领导人以大力度推进“打贪”与“禁奢”，其吓阻力量无远弗届，主要就是倚靠群众，每一个公民都可以通过网络进行举报、搜证、监督与建言，让腐败行径与奢华作风明显收敛。

解读中国要有大历史观

要解读中国兴起，没有大历史观根本看不清楚。为什么我选择用“兴起”，而不用“崛起”？因为从历史的角度来讲，中国是“再兴”而不是“崛起”。在清朝乾隆年代，按安格斯·麦迪逊的计算方式，即购买力平价的 GDP，当时中国占全球经济体系超过 1/4，更曾经一度达到 1/3。但它在 20 世纪初期一度降到最低，只有 3%，可以说一蹶不振；过去 150 年来其他国家进步太快，尤其是西欧各国，还有美国。

从这个角度上来讲，中国只是在恢复她在世界上的份额，恢复她在东亚的地位。我们今天看到的是她在恢复过程里面的一个序曲而已。更重要的是，中国已经在重新塑造世界秩序，但这不是她第一次塑造世界秩序。在历史上，她就曾经是一个塑造世界秩序的关键成员。[65]大家可能不知道，明朝中后叶，中国贸易占全世界贸易总额的比重曾超过 50%。西方国家从拉丁美洲掠夺的白银，基本上都输出到中国，明朝享有大量贸易顺差，其中有茶叶、丝绸、瓷器、中药这几个出口大项；中国自己内部的制造业也很强，所以不太需要进口。

从大历史观出发，我们也应该把中国的“再兴”放到更宏观的角度去理解。中国兴起是“非西方世界全面崛起”大故事的一部分，而这个大故事就是 20 世纪的最后 40 年，到 21 世纪目前为止，整个世界历史变化的主轴。欧洲当前面对的经济停滞问题、日本的长期衰落，其实都在这个大历史脉络里面。可以说，人类历史已经跨入一个新的阶段，传统的“南北关系”开始出现根本性的变化。

一般我们讲“北方”，是指先进的工业化国家，虽然它们不一定都在北半球，有少数例外，像澳大利亚、新西兰，但大部分都在北半球。传统的被殖民地区或者是低度开发的国家，基本上都在南半球，尤其在非洲和南亚，还有拉丁美洲。

什么叫传统的“南北关系”？就是北方的工业化国家永远掌握科技、军事与金融优势，支配全球事务，根据自身利益制定全世界的各种游戏规则。北方工业化国家一直以各种手段，有时是自由贸易，有时是殖民掠夺，有时靠设定品位标准与时尚风潮，来维持它们永久的优势。它们有和这些南方国家比差距非常大的生活水平。全世界的财富以及创造财富的手段都集中在它们身上。最典型的例子是，它们出口价位非常高的工业产品与奢侈消费品，换取非常廉价的工业原料、农产品和能源，而中美洲国家要出口好几吨的香蕉，才能换得一部电冰箱。有些学者把这叫做“南北的不对称交换”或“不公平交换”。

这种不对等关系不可能维持长久，因为落后国家可以学习、模仿、追赶。只要不被殖民、不陷入内战，很多非西方世界国家或地区都有急起直追的机会，先是日本，后是“亚洲四小龙”，接下来还有更多的新兴经济体系，开启了非西方世界全面崛起的历史新局。这些后起之秀进入快速工业化国家和地区行列，也进入过去北方国家最擅长的尖端科技领域，挑战原来北方国家所支配垄断的先进产业。南北交换关系发生根本性的改变。

这个改变很简单，用一句话来说，凡是中国和印度（当然也可以加上巴西、墨西哥、印度尼西亚等国）不会生产的，或者这两个大国无法自给自足的所有产品，价格都会上升；凡是中国和印度会制造的，其价格就会不断下降。就这么简单。这就是为什么跟五年前相比，鲑鱼愈来愈贵，因为鲑鱼总产量要增加起来很难，但中国与印度的需求增长很快。反过来说，到夜市买一个光盘播放器，不到100美元就可以买得到。再过几年，仿冒的智能型手机价格在1 000元人民币以下是再常见不过的了，500美元以下的笔记本电脑到处都有。这就是南北关系的根本性变化。

当然，这个南北关系的翻转并不意味着所有西方国家都在走下坡路，要看这些国家能否快速调整其产业结构，与新兴市场国家形成互利的经济交换关系。例如，德国制造业一直能维持其核心竞争力，也有比较合理的人力资源培育机制，并且积极在新兴国家市场进行布局，反而可以受惠于非西方世界崛起。又如，天然资源非常丰富、人口稀少的加拿大和澳大利亚，因为有很多森林、铁矿、页岩天然气与石油等天然资源，又有能力大量接纳来自非西方国家的移民，也可以受惠于非西方世界的全面崛起。

三百年未有之变局

我们正进入一个300年来未有的大变局，全世界生产活动重心快速向非西方世界转移。什么叫“西方”？传统西方，指的是西欧，再加上美国、加拿大、新西兰和澳大利亚。当然，也有人把日本放在里面，但这不是通用的定义。传统西方不包括日本，不过日本在心态上常常自以为是西方集团里面的一个成员。

当我们说世界财富与权力正在快速再分配，也不过是指非西方世界在恢复它们在世界经济与政治舞台上的份额，如此而已。不仅中国曾经是世界经济体里一个举足轻重的成员，其实阿拉伯世界和印度也是——至少在西方还没有把印度纳入殖民地势力时，两者根本就是全球经济体中非常重要的组成部分。只不过最近200多年，世界经济发生了翻天覆地的变化。

我们过去所熟悉的世界，不会真正永久保存在那儿；事实上，它已经起了剧烈变化，一些敏锐的观察家已经看到了。在次贷危机全面爆发之前，前《新闻周刊》总编辑扎卡利亚在2008年出版了一本书，叫《后美国世界》（*The Post-American World*）[66]，就在探讨这个大历史变化和大趋势。他描绘说，当前的历史转折，是过去500年来人类历史上第三个重要的结构性转折。第一个是西方世界崛起，主要是指西欧；第二个是美国崛起；第三个是非西方世界的崛起。

一位印度籍的著名学者、新加坡李光耀公共政策学院院长马凯硕，也写了一本书，叫《新亚洲半球》。[67] 历史学家把美国崛起叫做“西半球（Western Hemisphere）崛起”，是以美国为首的西半球崛起。马凯硕借用这个概念，说亚洲自己就是一个“亚洲半球”，它会变成世界政治经济舞台上的一个新主角。马凯硕提醒我们，其实中国、印度和阿拉伯国家曾经就是世界历史的主角。没有阿拉伯人把天文、医学、数学，还有古希腊的一些经典传回欧洲的话，欧洲是不会有文艺复兴的。

前面提到的荷兰经济学家麦迪逊，做了非常精致的分析，估算人类在不同历史时期每个经济体的 GDP 规模。这个估算需要搜集大量的材料，运用很多不同的估算法。下面这张图（见图 4—1），只是他资料里面的一部分。我们可以看公元 1500 年至 2000 年大的历史变化。中国最迟到乾隆末年、嘉庆初期，国民生产总值占全世界的比重始终是超过 1/4；有时候稍微小一点，可能正好有战争，有时候会大一些，接近 1/3，但基本上都是在 1/4 以上，长期都位居世界第一大经济体地位，这个地位一直维持到甲午战争前夕。

印度在世界经济中，也是一个相对而言规模非常大的经济体，随后它成为西方殖民主义相中的猎物，葡萄牙与荷兰都曾

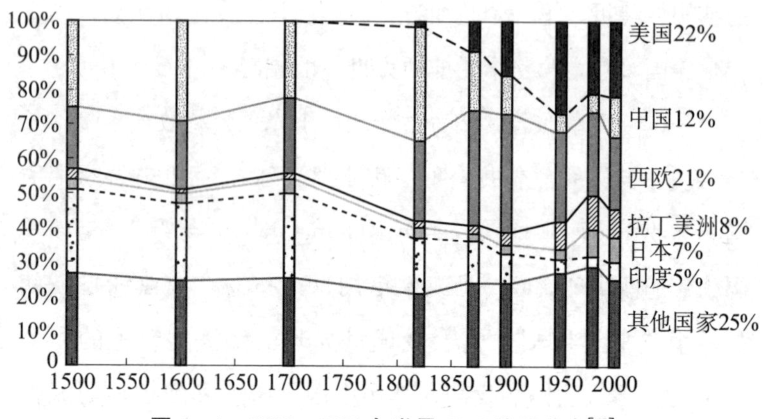

图 4—1　1500—2000 年世界 GDP 比重分布[68]

在此建立殖民根据地，英国后来居上，将其全面纳入英国东印度公司，成为英国最大的海外殖民地，开始彻底承受残酷的殖民掠夺。美国在 19 世纪后期内战结束以后工业化突飞猛进，到第二次世界大战之后达到顶峰。但是我们要想，北美与欧洲这两个地区总人口不过占全世界 1/10 多一点，却曾经能够享有全世界几乎一半以上的生产力。坦白说，这在人类历史上是一个很特殊的例外，不是一种常态。这种特殊的例外，是不可能维持很久的，因为其他国家一旦脱离殖民而独立，一旦摆脱了军事侵略或内部动乱的羁绊，就可以开始发展，可以开始全力模仿、追赶西方。当然，这些后起国家的工业化进程有些比较成功，有些没那么成功，但是新兴市场国家逐渐拉近与欧美国家的差距的大趋势还是存在的。西方国家想要维持科技与生产力永久的大幅领先，其实是不太可能的，尤其在全球化与数字化革命的时代，更不可能。

模仿本来就是落后国家追赶先进工业文明的一条捷径，几乎所有后起的工业化国家都走过这条捷径。18 世纪初德国麦森（Meisen）瓷器厂绞尽脑汁想复制中国瓷器，19 世纪英国东印度公司屡次派遣商业间谍赴福建盗取中国红茶树种，都是追赶过程的典型例子。过去美国追赶欧洲亦复如此，韩国也曾经是“仿冒王国”。正如斯坦福大学法学院的著名教授莱西格（Lawrence Lessig）提醒我们的，美国在建国后的头一个世纪完全不承认其他国家的知识产权，他甚至很坦白地说美国是“生而为一个仿冒国家”（born as a pirate nation）。[69]所有欧洲发明的东西或新出版的书，3 个月以后，在纽约或波士顿就会有仿冒品或复制品出现。如今，中国以及其他新兴市场国家正循着这条捷径快速地追赶，而中国原来就享有比较完整的科研体系与广大的市场，更有机会全面复制欧美国家的先进科技。所以在短短半个世纪内，全球经济结构就可能出现翻天覆地的变化。

中印撑起半边天

麦迪逊根据购买力平价 GDP 的估算模型对 20 年后的世界经济做了估算，这个估算跟之前提到的《日蚀》一书其实是互相呼应。虽然麦迪逊的重点主要放在GDP，而萨勃拉曼尼亚的重点是各国在全球经济活动中的比重，特别是贸易和投资，侧重的面不一样，但是整个大趋势是非常类似的。按照麦迪逊的模型估计，西欧的GDP在2030年占全世界的比重，会从过去最高峰，即石油危机之前的1/4多一点，降到12%。美国将会下降到18%，相对西欧来说美国经济比重的减缩速度比较慢，因为美国有新移民，人口还会增长，在开发页岩天然气与石油上有所突破，而且它的科技创新力整体来说还是优于西欧的。

从历史发展趋势来看，西方国家的GDP在石油危机之前，曾经是占51%左右，二战刚结束的时候大概占56%多一点，因此由美、英、法等国重建战后世界，建构国际体系中所有重要的制度和规则，也不奇怪，因为它们站在一个无与伦比的领先支配性地位。但是整体来看，西方国家的GDP到2030年会低于1/3，而广义的非西方国家会超过2/3。到2060年，美国、欧元区加上日本合计的比重会下降到28%，而中国与印度两个超级大国合计将可能达到46%，可以说“龙象撑起半边天”。至此，这个世界就绝不是我们在第二次世界大战以后熟悉的那个世界了，历史一定会出现翻天覆地的变化。其实这个变化已经出现了，不过它的终局还没有完全形成，还在一个演变的过程中（见图4—2）。

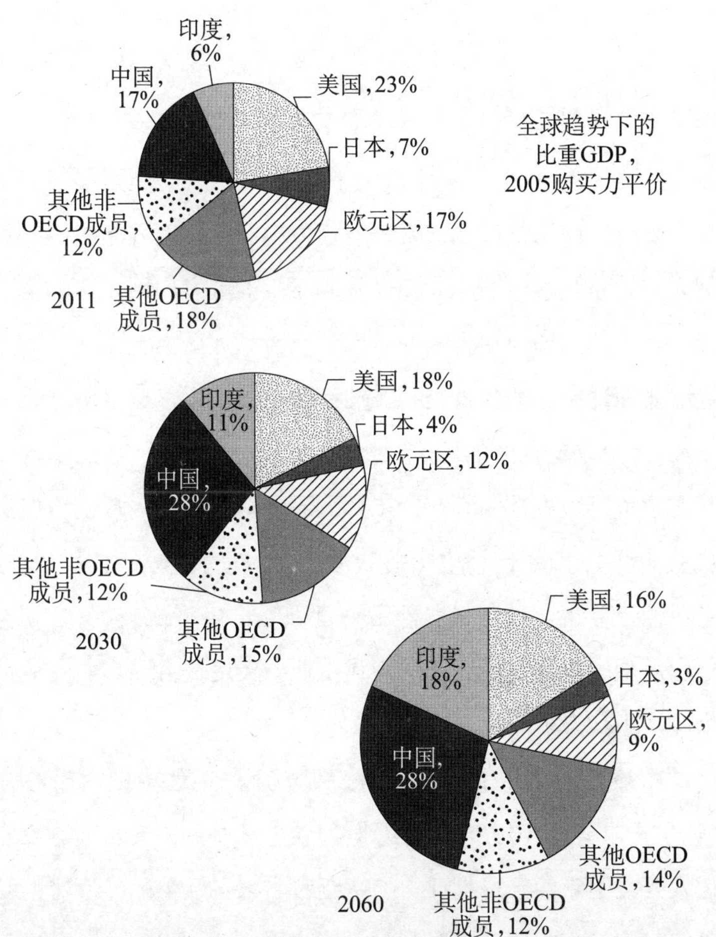

图 4—2　未来全球 GDP 比重变化趋势[70]

说明：图中全球 GDP 为 34 个 OECD 成员的 GDP 与非 OECD 成员的 20 国集团成员的 GDP 之和。

资料来源：Johansson，A.，et al.（2012），OCED Economic Policy Papers，No. 3。

非洲出现翻天覆地变化

要说明中国兴起如何带动非西方国家的全面崛起，最好的切入点就是观察中国在非洲经济起飞中的巨大作用，最鲜明的例子就是苏丹如何在中国的帮助下成为第一个拥有完整炼油产业的非洲国家。苏丹曾经是非洲面积最大的国家（在南苏丹独立前），也是最贫穷的国家。美国《外交政策》杂志长期将其列在“世界最失败国家”（most failed states）的名单上。但是自从苏丹1995年邀请中国的石油公司协助它开采油田以及建立石油工业后，很快就取得了举世瞩目的经济成就，在10年之内便从一个几乎没有任何现代工业的极度贫穷国家，变成一个经济迅猛发展的发展中国家。

1995年苏丹转向中国求援，因为90年代中期由于苏丹“达尔富尔”（Darfur）地区爆发种族主义暴力冲突，苏丹政府招致西方国家的严厉批评与经济制裁，来自欧美的经济援助几乎完全停顿。中国石油公司开始在苏丹进行了大规模的投资，成为中国在非洲能源投资的桥头堡。中国向苏丹派出了大量的工程队，苏丹也向中国派出大量的留学生，苏丹顿时成为中国输出发展经验的重要试点。

让西方观察家大为惊讶的是，自此苏丹经济突飞猛进。从

1998到2007这10年中苏丹的平均年增长率超过8%，远高于非洲的平均值，在2007年甚至创下增长13%的纪录。苏丹的国民平均所得从2001年的340美元快速增加到2007年的960美元，以及2014年的1 985美元。更特殊的是，在短短10年内，中国协助苏丹拥有了从石油勘探到钻井，从原油开采到提炼，直到石化产品的一整套石油工业体系。不论是航空煤油还是汽油、柴油，苏丹全部都可以生产。石油产品不但可以满足本国所需，还可以部分出口。

现在苏丹周边的国家（包括刚刚独立出去的南苏丹）都积极推动与中国的经济合作，因为它们看出中国经济援助模式与西方模式很不同。毕竟西方石油公司在中东地区开采石油历史超过100年，但是从未真正协助过这些产油国建立完整的石油工业体系。尽管在酸葡萄心理作祟下西方媒体不断给中国在非洲的投资套上“新殖民主义”的帽子，但完全动摇不了绝大多数非洲国家积极寻求强化与中国经济合作的决心。

苏丹并非一个偶然的特例。从90年代中期开始，许多非洲国家都出现了巨大的变化。在未遭遇到全球金融危机波及之前，有10年期间非洲的平均年经济增长率达到5.5%，是非洲脱离西方殖民以来从未出现过的景象，正是因为这些国家全面加速和中国、印度、巴西的经贸关系，形成新的经济交换和互惠局面。中国对于非洲的能源与原物料需求更是直线上升，这个需求既推动了贸易，也推动了直接投资。在非洲地区的外国直接投资项目中，金砖国家投资比重已从2003年的19%，上升到2012年的25%。中国和非洲的贸易额在2011年就突破1 600亿美元，2014年更突破2 200亿美元，占非洲贸易的18%，是美国的3倍，中国成为非洲第一大贸易伙伴。

中国在非洲地区也开始进行各类投资，到2010年底累计投资金额已达400亿美元。在这个时期，中国本身很多金融机构也扮演着很重要的角色。2001—2010年，中国进出口银行给非洲地区提供的各种不同形式的贷款，包括短期、长期、融资等，总量是672亿美元。而一直是全世界最重要的向发展中国家提供优惠性贷款的机构——世界银行，在这个时期只不过进行了约547亿美元的融资。从此可以看出此消彼长的变化。到2011年为止，中国给非洲国家的开发援助累计已达750亿美元；中国也减免了35个贫困国家总计达300多笔的债务。

现在还有一个重要的金融机构开始在非洲扮演角色，就是中国的国家开发银行。它的总资产超过世界银行和亚洲开发银行的资产总和。截至2012年，中国国家开发银行对30多个非洲国家提供的贷款余额，也达到189亿美元，贷款对象包括中小企业。

2014年5月李克强总理至非洲访问期间，宣布中非合作迈入新的阶段，并设定明确目标：2020年中非贸易规模要达到4 000亿美元左右，中方对非直接投资累计金额向1 000亿美元迈进。另外，他在非盟总部的演讲中宣布中非合作的六大工程：产业合作工程、金融合作工程、减贫合作工程、生态环保合作工程、人文交流合作工程、和平安全合作工程。此外，中国将积极参与非洲公路、铁路、电信、电力等项目建设，实现区域互联互通。中国企业与非方建立合资航空公司，提供民用客机，共同发展非洲区域航空业。中国也承诺将在非洲设立高速铁路研发中心，最终目标是将非洲主要国家的首都以高铁网络连接起来。这些项目的如期推进，意味着中国对非洲发展的贡献，将远远超过欧洲人在过去 100 年的总和。

拉丁美洲重新认识中国

新的“中拉合作”模式也正在累积动能。中国与拉丁美洲贸易总额由 2000 年的 100 亿美元左右，增加到 2012 年的 2 610 亿美元，12 年间增长 25 倍，中国成为拉美地区第二大贸易伙伴。预估到 2015 年，中国将替代欧盟成为拉美第一大贸易伙伴。中国对拉丁美洲的直接投资，到 2013 年底累计超过 800 亿美元。2013 年中国与巴西签署 300 亿美元的换汇协议，成为巴西第一大贸易伙伴。2005—2013 年期间，中国给予拉丁美洲的贷款总额接近 1 000 亿美元，超过世界银行、美洲开发银行与美国进出口银行三者的总和。

不过，拉丁美洲长期被美国视为自己的后院，拉丁美洲一般民众与社会精英对中国仍然非常陌生，对中国的信息来源主要还是倚赖对中国抱持强烈偏见的西方媒体，所以负面印象深烙人心。不难想见中国试图深化与拉丁美洲的经济合作关系，不可能平顺。2008 年中国与哥斯达黎加建交承诺的大炼油厂和首都与加勒比海间公路拓宽工程，至今仍无法顺利动工。2014 年“中铁建”集团拿到的墨西哥政府高铁工程合约后来被宣布废标；连接太平洋西岸的阿马帕拉港与洪都拉斯北部港口城市卡斯蒂利亚港的铁路工程尚无动静；中国企业出资开凿的尼加拉瓜大运河工程也在背负各种质疑与阻挠的压力下摸着石头过河中。

不过，2015 年 1 月在北京召开的“中国—拉美和加勒比国家共同体论坛首届部长级会议”是一个新起点。在这次会议开幕式上，习近平为中国与拉美和加勒比国家的合作定下路线图。会议发表《北京宣言》，展示强化政治经济领域合作的强大企图心，也象征着中国正朝向拉丁美洲铺设 21 世纪丝绸之路。习近平宣布在今后 10 年间预备每年向拉丁美洲能源、基础设施和创新领域投入 250 亿美元，并在 10 年内将中国与拉共体双边贸易额增加一倍，达到 5 000 亿美元。也就是说，将贸易额提升至当前中欧贸易的规模。中国在未来 5 年将针对拉共体的 33 个成员国提供 5 000 个留学生奖学金、5 000 个实习岗位，以及邀请 2 000 位杰出青年与政界人士访问中国。

在首届部长会议闭幕前，长期以来唯美国马首是瞻的运河国家巴拿马，即席在会议上呼吁提升中国与拉共体会议至政府首脑层级。预计最快这个倡议可能在 2016 年就落实。因此，不排除下届由拉丁美洲轮办的中国—拉美和加勒比国家共同体论坛会议将提升为首脑峰会，习近平将可能与美国和加拿大以外的 33 位美洲国家首脑共聚一堂，与美国主导的“美洲峰会”分庭抗礼。

丝路经济带蓄势待发

在西方列强势力尚未进入美洲与全面控制南亚与东南亚之前，横跨欧亚的陆上丝路、海上丝路，长期以来一直扮演着全球贸易枢纽的角色。进入 21 世纪，昔日的历史面貌将重新涌现。继大西洋与太平洋之后，环印度洋经济带将成为 21 世纪新增长的动力来源。中国与印度若能深化合作，龙象必然能成为带动新世纪全球经济增长的火车头，中国与环印度洋国家的巨大经济合作潜力也将全面释放。为迎接此一历史机遇，中国正在开辟多条直接通往印度洋的大通道，全面降低对马六甲海峡的倚赖。其中包括兴建通往巴基斯坦西南的瓜达尔港、通往缅甸仰光和皎漂的铁路与高速公路，由缅甸经由孟加拉国通往印度的泛亚铁路西线，甚至包括民间企业倡议的由泰国暹罗湾开凿直通安达曼海的克拉地峡运河。

可预见未来世界贸易的主轴将逐渐向千年历史常态回归，经济重心将从太平洋重移回欧亚大陆与环印度洋。加速这个发展的最值得期待的区域经济合作推进机制，就是习近平在2013年9月访问哈萨克斯坦时首次提出的“丝绸之路经济带”战略构想，以及同年10月在印度尼西亚访问时首度提出的“21世纪海上丝绸之路”。从此，中国政府乃全面倡议“一带一路”的沿线国家共同建设欧亚大陆经济带经济一体化，呼吁各国开辟交通和物流大通道，商谈能源合作、贸易和投资便利化等机制，倡导互联互通，促进合作。

习近平大力倡议“一带一路”，既是因应2008年金融危机后世界经济的严峻形势，也是反制美国对中国进行战略围堵的最有效主动出击。就全球经济板块而言，世界前十大经济体，除美国、日本和巴西之外，都在这条经济带上。丝绸之路经济带沿线的国家，其国民生产总值占世界总额的55%左右，拥有世界总人口大约70%，以及地球上已知能源蕴藏量的75%左右。这样的经济体量，再加上世界上最有竞争力的经济发展速度，使得丝绸之路经济带有望成为新全球化时代的经济大动脉。“一带一路”发展战略的提出，也将确定中国成为带动亚洲区域经济整合的龙头。

从2013年开始，习近平与李克强出访欧亚各国时所倡议的经济合作方案，都是围绕这个大战略而设计：协助老挝与泰国建设高速铁路南抵新加坡、北接中国云南；在哈萨克斯坦阿克陶港经济特区开设中国首个境外工业园区；在马来西亚投资马来西亚—中国关丹产业园区；在斯里兰卡投资兴建科伦坡南港集装箱码头；以及推动孟中印缅（BCIM）经济走廊的建设。

习近平在2015年4月访问巴基斯坦，此行与巴国政府签署一系列协议，全面启动“中巴经济走廊”的建设。预计陆续执行的合约总额将超过460亿美元，成为中国在海外最大的单笔投资。这个宏大的计划将以15年打造一条从新疆到巴基斯坦瓜达尔港的走廊，包括跨越巴基斯坦的公路、铁路、天然气管道、电力系统，这个计划必然面临诸多的政治与经济风险，但即使在未来15年只达成原定目标的六或七成，也足以让巴基斯坦经济与社会结构脱胎换骨，并从根本处改造社会土壤，避免伊斯兰极端组织继续滋生。

历史上的丝绸之路是从公元前2世纪西汉张骞出使西域开始，经过1 000多年陆续演变，最后成为遍及欧亚大陆、北非及东非的长途商业贸易和文化交流线路的总称。在欧洲国家全面推进殖民扩张之前，世界经济重心一直是沿着丝路而分布，丝路也一直是16世纪以前全球远程贸易的主轴，奠定了最早的全球化模式。今日北京提倡的“一带一路”，正好对应了历史上以西安为起点的陆上丝路，与以宁波、泉州及广州为起点的海上丝路。

在今后30年，中国将全力推动丝路沿线国家的经济一体化。通过“上海合作组织”吸纳新成员国，夯实“一带一路”

的政治基础；成立全新的“亚洲基础设施投资银行”以及“丝路基金”等跨国融资机制，以及加速兴建贯穿欧亚大陆与通往印度洋沿岸的高速铁路网、高速载重铁路网与高速公路网，再配合叠加的多边自由贸易协议、投资便利化协议以及货流与人流便捷化措施，“一带一路”大战略必然带动未来世界贸易主轴加速回归千年历史常态。

在欧亚大陆经济板块一体化的大趋势下，东亚国家必然会降低对美国市场的依赖，并全面提升与其他新兴经济体的经济合作，特别是南亚、中亚与中东国家，多数国家的经济战略视野也会延伸到拉丁美洲与非洲。东亚国家虽然不会建立正式的、有形的货币同盟，却会出现某种形式的货币同盟，包括协调彼此的货币和货币政策，以及相互增加持有对方的国债。人民币也会变成这个区域里面日渐重要的一种结算货币和亚洲债券市场的主要计价货币。

台港要脑筋急转弯

上述这些发展，台湾与香港媒体很少关注，因为两地社会精英过去的历史经验是：走向海洋才可能发挥自己的优势。这也没有错，当历史上某一个阶段陆上战争很多，陆上贸易障碍凸显的时候，海上通路是最通畅、无远弗届的。一旦陆地的政治障碍可以克服，陆上运输的经济效益将比海上还要高。现在欧亚大陆已经出现戏剧性的变化。

过去一个集装箱从重庆经长江水运送达上海，再转运到荷兰鹿特丹，需要将近 30 天的时间。自从“渝新欧铁路”接通之后，今天一个集装箱从重庆这一个过去被认为交通极不方便的落后山城，花不到 15 天就可以到达欧洲最大的内陆转运中心：德国杜伊斯堡（Duisburg）。这条超过一万公里的陆上通道，途经哈萨克斯坦、俄罗斯、白俄罗斯以及波兰，中间不需要通关，因为沿路的所有国家都签了一个协议，可以让一个封关的集装箱直接到达欧洲。未来中亚与俄罗斯的铁轨改造完成，全线轨道宽度标准化之后，这段行程可以缩短到 7 天。

除了开通渝新欧铁路外，另外一条连通亚欧大陆的铁路也正在兴建，其中最关键的克拉玛依至塔城的铁路已经于 2014 年正式开建，预计 2017 年通车，将成为渤海湾经内蒙古、甘肃、新疆塔城到阿斯塔纳、莫斯科、明斯克进入波罗的海最便捷的陆路通道。

2013 年 12 月连接泰国与老挝的清孔—会晒大桥正式通车，昆曼高速公路全线贯通。这条全长 1 800 多公里的高速公路，北起昆明，途经玉溪、普洱，从西双版纳磨憨口岸进入老挝境内，再经会晒进入泰国清孔，最后抵达曼谷，乃是中国打造的第一条联结中国西南省份与东盟的交通大动脉。此外，还有东西两线的泛亚铁路，将分别穿越越南与缅甸，于曼谷交会后再南下马来半岛。接下来，还将兴建由昆明经曼谷、吉隆坡通往新加坡的高速铁路。未来 15 年，泛亚铁路系统会变成亚洲区域经济整合的加速器。泛亚铁路还要由缅甸起，经过孟加拉国、印度、巴基斯坦、伊朗，再通过土耳其抵达欧洲。

韩国总统朴槿惠在 2013 年 10 月的一篇重要演讲里就公开表示，韩国一定要搭上这班“欧亚丝路快车”。如果未来朝鲜追随中国推动改革开放，中国的高速铁路可以从沈阳延伸，穿过边境到平壤，再直通首尔；如果朝鲜迟迟不动，未来韩国也会考虑与中国合作，兴建一条由仁川到山东半岛的海底隧道，直接连接中国的高铁系统，并借此纳入新丝绸之路的建设；而届时日本也必须认真考虑是否有必要兴建连接日本西南部城市唐津和韩国主要海港釜山的海底铁路隧道。这些都不是天方夜谭。

2014 年 8 月，中国国务院已经正式批准辽宁与山东两省合作兴建渤海湾跨海隧道工程，全长 100 多公里的海底隧道，从大连旅顺口到山东蓬莱，竣工后可以同时通行高速铁路与高速公路，届时两地通行时间将缩短为 40 分钟。

总之，随着中国快速兴起，中国周边的经济地理即将出现翻天覆地的变化，所有东亚周边国家都要做好知识上的准备，把握未来可能出现的崭新机会与挑战，未雨绸缪，尤其需要洞察历史过程从量变到质变的跃进，不然会在历史巨变的关头不知所措、进退失据。东亚社会精英的思维必须赶紧调整，不能再像过去一样，把注意力都集中在美国与西欧，不能只有“海洋视野”而没有“大陆视野”。

大国崛起翻天覆地

在智利首都圣地亚哥往西北方向110公里，有一个坐落于太平洋东岸的迷人海港城市，这个由西班牙人建立的滨海古城名叫瓦尔帕莱索（Valparaiso），曾在18—19世纪繁华一时，它的外号叫“太平洋珠宝”。当时所有来往大西洋与太平洋的远洋贸易船舶，都必须绕过智利南端的麦哲伦海峡，瓦城乃是这条黄金航线上最重要的补给点与转运站之一；这里曾经拥有拉丁美洲第一家证券交易所与最早创刊的西班牙文报纸。今日游客前往瓦城参观富丽堂皇的广场与海事大厅，当年光景还依稀可见。

可是好景不长，19世纪后期美国内战结束，大国崛起动能全面释放，短短半个世纪就迈向世界顶峰。美国崛起给西半球带来了翻天覆地的变化，瓦城更是首当其冲。

首先，美国将其政经势力扩张到中南美洲各国，压缩了西班牙与这些前殖民地的经贸往来。其次，美国陆续兴建完成多条横跨东西两岸的铁路，大幅降低了对跨洋海运的需求。最后，美国在1913年完成了开凿巴拿马运河的巨大工程，从纽约到旧金山的航线立刻缩短 1.4 万公里。瓦城的繁华顿时烟消云散。

今天的中国正迅速恢复它在东亚的地位以及原本在世界经济体系中的份额，所有国家都不得不迎接这场翻天覆地的变化。任何周边国家如果无法凝聚远见与睿智来制定应变策略，都有可能步上瓦尔帕莱索的后尘。

即使目前稳居集装箱吞吐量世界第一的新加坡，都已经开始担忧自己的枢纽地位迟早不保，并擘画经济转型对策未雨绸缪。从 2013 年开始，中国已经开始着手兴建多条从中国内陆直接通往印度洋的跨国经济走廊，这些新的陆上通道都必然舒缓中国的“马六甲困境”。尤其令新加坡担忧的，是中国企业与泰国民间人士倡议的克拉运河计划。根据目前的初步规划，这条运河将贯穿位于泰国中南半岛的克拉地峡，成为连接太平洋与印度洋的海上新通道。未来从中国西运的货物可以从泰国湾直通印度洋，不需要再绕过马六甲海峡，缩短 1 000 多公里的航程，这条运河必将成为中国推动新海上丝绸之路的重要里程碑。这个计划一旦完成，马六甲海峡赋予新加坡的独特优势将一去不返。

现在的台湾年青一代倾向拥抱“小确幸”（注：意为“微小而确实的幸福，是稍纵即逝的美好”），但若普遍缺乏远见、胆识、技能与勤奋，“小确幸”根本无法确保。追求“小确幸”，犹如井底之蛙，以享受一潭清水、一片蓝天为满足。若不能洞察天际风云与四周水系的变化，等到惊觉蓝天不再、井水枯竭，一切都已太迟。

台湾目前已经是经济警讯不断。从 2011 年开始出口增长率已连续 3 年落后全球表现。台湾服务业输出占总输出的比重不到 13%，不仅落后其他亚洲三小龙，也不及全球平均的 17.8%。台湾的新一代还能以管窥天吗?

新常态下的中国全球经济战略

从十八大习近平全面接班开始，中共新一代领导人就面临转换经济增长模式之艰巨挑战。经过一段摸索期后，“习李”团队开始启动新的全球经济大战略，为中国下一阶段的经济升级，打造更有利的国际环境。我们可以从习近平、李克强密集的出访中，看出这个大战略的轮廓。北京的经济战略有四个主轴：第一，全面深化与新兴市场国家的经济合作关系，为中国出口产业开拓新市场，降低对欧美国家的依赖；第二，积极提升中国企业的跨国营运能力，并引导中国过剩的工业产能有秩序地向外移转；第三，全方位建构以中国为核心的双边或多边经贸、金融与货币合作机制，绕过美国主导的多边体制；第四，全面引进国外尖端技术，加速建立完整的现代工业体系。

自从全球金融危机以来，中国挟其庞大的市场作为筹码，让许多跨国企业不得不接受中方要求的技术移转条件，以换取中国市场份额。同时，中国官方也灵活运用其外汇储备来支持中国企业的海外并购，重心从过去的确保能源与原物料供给，移转到取得欧美企业的核心技术。

每一次习、李出访，都会携带升级版的深化合作方案，以促成新的合作机制与项目。这些方案企图之大、规模之巨，以及面向之广，都让欧美国家瞠目结舌。很多方案不仅仅是为特定国家设计的，而且是为整个区域打造新的多边合作架构、经济整合机制或跨国融资平台，不仅提供技术援助、项目贷款或直接投资，更针对这些国家在发展中面对的诸多结构性难题，提供全套解决方案。

中国具备几项特殊优势，可以协助新兴市场国家有效克服经济发展瓶颈，激发潜在增长动力。新兴市场国家多半拥有丰沛的天然资源与人力资源，但普遍面临资金、人才、技术与基础建设不足，市场规模过小，治理能力不佳等巨大瓶颈。中国拥有庞大外汇储备，又有丰沛的国内储蓄，还有成熟的跨国信贷机构。中国进出口银行与中国国家开发银行已经成为非洲与拉丁美洲举足轻重的优惠贷款机构，影响力逐渐超过世界银行。人民银行与俄罗斯、巴西、阿根廷及委内瑞拉扩大签署换汇协议，让这些国家在面临油价暴跌导致国际收支危机时不需要再向国际货币基金组织卑躬屈膝。

中国经济规模空前庞大，在主要工业部门都拥有空前巨大的产能，并覆盖不同位阶的产品，因此有能力同时在五大洲上百个国家承接资源、能源、运输与通信领域的基础建设项目。举例来说，李克强在2013年11月访问东欧，与塞尔维亚、罗马尼亚与匈牙利三国政府签署合作备忘录，承诺协助它们建设联结贝尔格莱德和布达佩斯的“塞匈高速铁路”。这条将大幅改变东欧地区经济空间的高铁总长度为374公里，而2014年中国境内新增的高铁里程达到5 000公里，相当于一年内兴建13条“塞匈高速铁路”。又例如“中国交建”集团已经成为全世界最大的港口设计与建设企业。目前全世界吞吐量排名前10名的港口中，有7个是“中国交建”独立负责设计与建设的。

因此，中国不但有能力协助上百个欠发达国家快速改善其基础设施，而且有能力协助整个地区架构跨国基础建设网络。例如，规划中的联结中国大陆、东南亚、南亚与西亚的泛亚铁路，横跨巴西、秘鲁连接大西洋和太平洋的两洋铁路，以及帮助非洲国家成立新的跨国航空公司、提供覆盖完整的区域空运网络。这些升级版的合作方案，可以为中国产能过剩的产业找到出路，让中国成熟的中阶消费产品找到新“蓝海”，帮助适合输出的国内产业打造海外基地，将丰沛的外汇储备，从投资低利的美债，转为提升与新兴市场国家互补互利关系的利器，最终带动陆上与海上丝路经济带的全面发展，并将新海上丝绸之路延伸到中南美洲，重新塑造世界经济版图。

习近平的甲午惊奇

在120年前，一场甲午战争让东亚风云变色，也让中国长期陷入外患与内乱的动荡之中。100多年来，中国走过一段非常崎岖的现代化历程。进入21世纪，中国开始逐渐恢复其历史地位，带动东亚与世界秩序的重组。这个历史大趋势的端倪日趋明显。习近平在此中国重登历史高峰的前夕接掌大权，可谓生逢其时。在两甲子之后，许多具有历史分水岭意涵的重大事件，居然很巧地都在2014年，也就是甲午年，纷来沓至。

根据国际货币基金组织的统计，以购买力平价GDP计算，2014年中国超越美国成为世界第一大经济体。同样的历史分水岭上一次出现在1916年前后，当时美国经济总体量首度超越拥有庞大殖民地的大英帝国。

中国经济每年的绝对增量也在这一年打破所有历史纪录。以名义GDP计算，甲午年中国经济的规模超过10万亿美元，而当年7.4%的年增长率，就是7 400亿美元的增量，相当于每8个月增长出一个2014年的台湾，每24个月增长出一个2014年的韩国，或是每33个月增长出一个2014年的印度。

中国在主导国际多边合作体制上巨大的潜力也在甲午年表露无遗。2014年7月，在北京主导下，金砖国家开发银行的架构正式确立，总部落脚上海。在APEC峰会前夕，中国邀集20个意向创始成员国在北京签署协议成立亚洲基础设施投资银行（AIIB），并开始邀集其他国家申请成为创始成员。

甲午年9月，上海合作组织制定接纳新增会员的程序与准则，为目前印度、巴基斯坦、阿富汗、蒙古与伊朗这五个观察员的正式入会铺路。这意味着“上合组织”正蓄势待发，有机会成为覆盖全球最多人口与土地的区域安全合作组织。

甲午年在北京怀柔雁栖湖举行的APEC峰会上，中国领导人更是迎来全面外交丰收。在北京运筹帷幄下，奥巴马最后一改美国先前的反对立场，让习近平在APEC峰会开幕式上风光地宣布成员经济体对建立亚太自贸区（FTAAP）达成共识。

在这次中美峰会期间，习近平也与奥巴马携手合作突破当前全球合作议题中的两大瓶颈。双方达成“信息技术产品协议”（ITA），这将为WTO的多边贸易自由化谈判注入新的活力；双方也就限制温室气体排放达成历史性协议，更为陷入胶着的《联合国气候变化框架公约》谈判带来关键推进力量。

甲午年中国的对外投资金额达到1 200亿美元，首度超过引进外资的规模而使中国成为资本净输出国，预计在2025年中国年度对外投资规模将超过美国。这意味着中国重塑全球经济版图的过程还处于初步阶段，后势将更为惊人。

“亚投行”撼动美国金融霸权

2015年3月11日，在英国内阁第二把手、财政大臣奥斯本（George Osborne）的强力主导下，伦敦在没有知会华府的情况下，突然宣布决定参与“亚投行”的筹设，这个戏剧性的决定让举世哗然，更让华府颜面尽失、恼羞成怒。紧接着3月17日，美国在西欧另外三个最亲密的盟友——德国、法国与意大利——也在秘密商议之后，不顾华府的强烈反对，同时宣布它们正式申请成为“亚投行”的创始成员。接下来，原来犹豫不定的韩国与澳大利亚也立场松动，最后连台湾当局也想赶搭最后一班车。华府在西欧与亚太最重要的盟友，除了日本外全面倒戈，让美国在这场最新回合的中美战略拔河中溃不成军。

美国前财政部长桑默斯在《金融时报》的分析评论中不禁感叹道：“日后世人将会回忆起，此时正是美国失去全球金融领导者地位的历史关键时刻。”[71] 他同时也提醒美国决策者，美国应该彻底检讨其全球经济政策。随着中国的经济规模开始逐渐能与美国匹敌，加上新兴市场国家占全球经济产出至少一半的规模，如果过去美国主导的全球经济架构拒绝进行必要的结构调整，“亚投行”的成立将成为敲响美国失去世界经济领导地位的丧钟。

美国对“亚投行”的阻挠反映出华府的两大担忧：第一，“亚投行”的成立将加速人民币国际化，人民币目前已经是全球第五大贸易结算货币，未来“亚投行”的融资与发债都会大量采用人民币计价，因此很快会推升人民币为与欧元并驾齐驱的国际主要储备货币之一，最终必然会威胁到美国的金融霸权。第二，长期以来美国吃定了亚洲的贸易伙伴，这些贸易伙伴不但长期为美国消费者提供价廉物美的产品，而且还源源不断地将它们赚到的美元投向美国债券市场，让美国政府与消费者可以用很低的利率向未来透支。但是“亚投行”的成立将打破这个局面，以后“亚投行”会引导外汇储备过剩的亚洲国家将多余闲置资金，从购买低回报的美债，改投入回报更高的基础设施融资。这对习惯于举债消费的美国将是一场噩梦。一旦目前的亚洲美元回流机制无法维持，美元必然大幅贬值，美债长期利率也必然大幅上升，美国经济将受到重创。

西欧的美国盟友最后决定不顾美国的反对，也是基于很务实的考虑：首先，这个历史关键时刻的抉择反映了它们的基本战略判断，也就是它们认定中国迟早将超越美国成为全球经济的龙头。[72]其次，它们判断亚洲新兴市场国家的增长潜力尚未完全释放，未来在“亚投行”、“金砖银行”以及“丝路基金”的驱动下，这个地区的基础设施兴建的商机将十分惊人，身陷经济泥沼的西欧国家哪能不积极争取分一杯羹。再者，欧洲国家都垂涎人民币国际化的巨大商机；未来“亚投行”的融资与筹资必然大量以人民币计价，现在欧洲国家纷纷争取设置离岸人民币交易中心，必不可缺席“亚投行”的筹设。

“亚投行”将是1944年美国与英国联手召开“布雷顿森林会议”建构战后国际金融秩序以来，第一个由中国主导的全球性多边金融机构。“亚投行”能够得到亚洲国家普遍响应，说明了美国主导的多边金融机构根本无法满足亚洲国家想要突破基础设施瓶颈的迫切需求。根据中国前财政部副部长金立群的估计，未来十年亚洲地区每年基础设施投资的潜在需求在7 300亿美元左右。而美国主导的世界银行与亚洲开发银行每年投向亚洲的新增融资规模合计只有区区200多亿美元，远远无法填饱亚洲国家的需求。更何况，长期以来这两个银行明显受到美国政府以及美国各种政治团体的意识形态牵制，它们的信贷政策往往不是从回应发展中国家的真实需求出发，更多的时候是通过放款来强制推销西方国家青睐的“资本友善”、“市场效率”、“良好治理”、“法治与人权”等主流价值标准，早已让许多亚洲借贷国饱尝削足适履之苦。

而且这两个银行长期以来，对于发展中国家普遍面临基础设施严重不足的发展瓶颈问题关注不足。基础设施的外溢经济效益巨大，但投资期长、风险高、资金直接回收缓慢，很难通过国际资本市场得到合理条件下的融资，最适合的融资渠道就是通过各国政府主导的多边开发银行，因为只有多边开发银行才有能力评估与筛选大型基础建设项目，并具备足够的信用条件在国际资本市场发行低利率的长期债券。但在新自由主义意识形态的主导下，世界银行与亚洲开发银行长期以来却刻意"缺位"，试图将有巨大中长期融资需求的发展中国家都驱赶到由欧美日商业银行、投资银行与私募基金主导的主权信贷市场，而这些国家单凭其自身的信用条件是无法以合理条件获得所需要的基础建设项目长期融资的。现在"亚投行"与金砖国家开发银行的适时出现，可以帮忙填补这个巨大的真实需求空缺。

中国模式撼动西方的话语权

这些令人震惊的变化，意味着中国发展道路必然会影响到人类的未来。中国的发展经验震惊了西方主流经济学，也撼动了过去美国主导的国际发展机构对于发展和治理的话语权。以前国际货币基金组织与世界银行的政策理念被发展中国家奉为圭臬，大家都相信这些机构掌握了最先进与最正确的社会科学知识，可以指导非洲、拉丁美洲、亚洲国家如何制定宏观经济政策，如何选择发展路径，如何改革政治体制，如何参与国际分工，如何融入国际金融。如今，这些机构在意识形态领域享有的支配地位正面临前所未有的挑战。

今后，中国可以通过金砖国家开发银行、“亚投行”、“中国—中东欧投资合作基金”、“中国非盟峰会”、“中拉加共同体峰会”、“金砖五国峰会”与“中国—阿拉伯国家合作论坛”等机制与其他发展中国家分享发展经验，并深化与发展中国家的合作。中国的社会主义核心价值观，有机会与西方推行的普世价值分庭抗礼。中国靠长期实践而摸索出来的社会主义市场经济体制，也有机会在世界意识形态版图上占有一席之地。在非洲、拉丁美洲和南亚等地区，中国发展模式已经在美国式资本主义和西欧式民主社会主义（福利国家）体制以外，开创出第三条道路。它会逼着第三世界所有国家的政治精英重新去思考，怎样去平衡正当程序、维持国家治理能力、取得最好发展结果，应该用什么样有效的制度、安排和策略来追求它们之间的平衡。

英国《经济学人》杂志也意识到这种挑战，虽然它对中国体制不愿意用“社会主义市场经济”这个官方的名称，而是取了另一个名字，叫做“国家资本主义”（State Capitalism）。《经济学人》也看到了这样一个变化，因而忧心忡忡，它认为西欧福利国家模式面临崩解，美国式资本主义面临挑战，“国家资本主义”将在许多新兴市场国家变成新的主流思想。

21 世纪世界经济的新坐标已经呼之欲出。我们可以预告，新兴经济体之间的经济依存度会不断增强，彼此在贸易、金融、能源和环境上的合作将更紧密。金砖五国会成为非西方世界的领导者与代言人，并会逐渐取得全球议题的话语权，而七大工业国（G7）会逐渐失去制定多边体制与国际规范的主导权；上海合作组织在吸纳印度之后，其影响力将逐渐超越北约组织。当然，以上描绘的景象不是明天就会看到的焕然一新的图像，但是这个结构转化的过程已经开始，在未来 15 年、10 年，甚或更短的时间内，会出现戏剧性的变化。

我们也可以预见，美元最终会失去世界储备货币的独占地位，但是完全取代美元的超主权货币也很难在短时期内出现。这时，国际贸易会呈现多种货币结算的多元化局面和区域化格局。比如，在某一个区域中，某一种货币是主要的资本市场计价和结算货币。人民币成为东亚贸易与投资主要计价货币的可能性与日俱增。

第五篇

中国带动 21 世纪全球秩序重组

2013年4月加州州长布朗访问中国，他特别乘坐了从北京到天津的城际快铁，他这次访问的主要目的，就是希望引进中国的高铁系统。布朗很年轻的时候就当选过加州州长，现在是白发斑斑的回锅政治人物，他在30年前就曾提议在加州兴建高铁，但他万万没有想到他30年后要来中国取经。《纽约时报》也特别发了一则新闻评论，感叹150年前中国也曾帮助加州兴建铁路，不过那个时候仅仅是输出苦力；现在中国有能力提供所有设备、技术以及工程师，必要时也可以提供贷款，并承诺雇用大量本地劳工。这150年的变化，真可谓沧海桑田。

不久之后，《纽约时报》记者又从印度尼西亚东爪哇省发了一篇报道。记者采访了当地拉蒙岸县（Lamongan）的县长，这位县长2011年第一次随团访问中国，被中国的神速发展所震撼，回来后立刻下令所有县内的小学开始教授中文，并积极寻觅华语师资。《纽约时报》记者提醒读者，在苏哈托执政时代，这是完全不可想象的。苏哈托执政期间，印度尼西亚政府全面关闭中文学校，也严格限制中文报刊与书籍的进口。过去，印度尼西亚经常爆发排华事件，现在拉蒙岸县县长寄望当地的华侨能利用他们的亲属网络，帮助该县发展与中国的经济合作关系。

《纽约时报》这两篇报道，反映出西方国家意见领袖对于中国问题思考这 20 年来的巨大转变。1990 年代，西方主流媒体围绕着“中国崩溃论”的话题打转，当时的气氛是社会主义阵营大势已去，中共政权背负沉重的政治风波阴影，中国经济转型危机重重。等到中国安然渡过亚洲金融危机，以及第三到第四代领导人顺利接班，中国崩溃论开始明显退潮。

“世界的中国”与“中国的世界”

21 世纪第一个 10 年，西方主流媒体的热门话题是“中国威胁论”，中国问题专家与国际关系学者不断在辩论：中国是否可能和平兴起？美国是否可能坐视这个未来唯一的潜在挑战者不断壮大？中美间的战略摊牌是否难以避免？不过，随着中美之间的经济依存关系紧密如连体婴，以及中国跃升为带领全球走出金融海啸的经济火车头，这个议题又很快成为明日黄花。

《纽约时报》关注焦点的移转，意味着西方主流媒体的问题意识又转换了。下一个 10 年的焦点将是有关“中国的世界”

之争论，也就是中国的兴起是否意味着世界将因此而改变。2009年，英国《独立报》前副总编辑马丁·雅克（Martin Jacques）出版《当中国统治世界》一书，在欧洲引爆这个话题。他在书中预言：中国兴起会重新塑造“现代”的意涵与模式，世人不要期待中国会向西方模式靠拢；相反地，当中国人的文化优越感逐渐恢复以后，中国的文化辐射力量将再度凸显，成为带动世界秩序重组的重要力量。

2010年，英国剑桥大学资深研究员哈尔珀（Stefan Halper）出版《北京说了算？中国的威权模式将如何主导二十一世纪》一书，更将这个话题带入另一波高潮。这些畅销书的陆续出版，意味着西方观察家已经愈来愈担心，他们无法乐观期待一个“世界的中国”出现，他们愈来愈不相信兴起的中国会融入西方国家所建构的主流价值观，或是被现存的国际社会规范与制度同化，或是选择参与及融入现有的全球治理机制来发挥其领导角色。他们反而担心，中国的社会主义市场经济体制将挑战西方自由市场经济体制；中国的一党执政体制将比西方式民主对于发展中国家更具吸引力；甚至历史上的“朝贡体系”也将以某种现代形式在东亚出现，全面冲击近代西方所建构的主权国家体系。

与美国国防部以及中情局渊源很深的中国问题专家白邦瑞（Michael Pillsbury）在2015年2月出版的《百年马拉松》新书中，更大胆断言：中国的长远战略目标，就是用中国的经济和政治制度取代美国领导的世界秩序。白邦瑞还语出惊人地表示，中国领导人过去 40 年故意让美国总统和高官对中国做出误判，来掩饰其真正战略意图。中国战略的最终目标是占据全球经济的主导地位，实现全球霸权，输出中国式的反民主制度和掠夺型经济模式。[73]

西方世界的焦虑是可以理解的，因为 100 多年来，西方国家早已习惯于以自己为中心的世界观，早已习惯指导非西方社会、改变他人而不是被他人改变。其实，这种焦虑是不必要的，不同文明间相互交流、激荡与影响，是人类社会进步的原动力。15—16 世纪，伊斯兰教世界对欧洲文艺复兴产生巨大影响；中国文明也曾经是 17—18 世纪欧洲启蒙运动知识分子景仰的对象。东亚在过去 100 年不断吸取西方的现代化经验，过去 30 年中国也大量引进国外的市场经济制度，所以“中国的世界”与“世界的中国”不是两个相互排斥的命题，而是构成互为因果、相互牵引的辩证关系。

没有西方的世界？

加州大学国际研究中心主任韦伯与另外两位年轻同事，2007 年在《国家利益》杂志发表《没有西方的世界》一文。这篇文章很重要，因为其代表西方主流学者开始意识到美国决策者必须未雨绸缪，认真思索非西方世界全面崛起之后，全球秩序可能发生什么样的改变，现有的全球治理机制可能被迫做出何种调整。

他们指出，有两种令人忧虑的可能性值得西方国家深思：第一，非西方国家可能对于西方国家主导国际秩序与全球治理机制的正当性提出挑战，并要求大幅增加非西方国家的发言权，以及推动大规模的多边体制改革；第二，非西方世界可能根据不同的世界观与价值观，另外建构一套国际交往与合作的规则，从根本处绕过西方国家主导的多边体制。

他们的忧虑反映出一种西方中心的世界观，他们担心自己熟悉的世界即将消逝，西方主导世界的时代即将落幕，无法从正面与积极的角度来理解中国兴起以及非西方世界全面崛起对人类历史发展的意涵。如果跳出西方中心世界观，我们就会有全然不同的判断。

全球生产力与财富的再分配，必然带来权力结构以及意识形态场域格局的变化，也必然触动全球安全、贸易、金融、信息、环境等领域政策协商与治理机制的相应调整。未来的实际发展，应该是下列三种变化同时出现：第一，非西方国家会选择性地接纳既有的国际交往规则与多边体制；第二，非西方国家会在现行体制内要求改革，让现行的规范与制度安排更能兼顾广大发展中国家的利益与需要；第三，非西方国家也会绕过西方国家主导的体制，自行建构新的合作机制与多边组织。

多数现存的全球治理机制都是由西方国家长期把持的，这些规范与制度安排都是根据西方国家的理念所建构的，其出发点是维护西方国家核心利益与主导地位。最明显的例子就是过去 60 年来世界银行总裁一向由美国指定、国际货币基金组织总裁一向由欧洲人出任的不成文惯例。

西方国家在面对非西方世界全面崛起时，一方面试图以既有的体制来引导与吸纳新兴经济体，一方面尽可能维持自己的主导地位不受动摇。但它们也意识到，非西方世界全面崛起，现存全球秩序很难不受冲击，全球治理机制也必须做出相应的调整。

在 2008 年金融危机之后，美国不得不在华府正式召开二十国集团（G20）首届高峰会，原因很简单，西方国家需要新兴市场国家承担带领全球经济复苏的责任。西方国家希望新兴市场国家能够扩大支出、扩大消费，抵御世界经济滑坡的趋势，并带动西方国家的出口；期待这些国家能够利用丰沛的储蓄与外汇储备来注资国际货币基金组织、世界银行和其他全球性金融或财政援助方案；还希望这些国家能持续购买美国与欧元区各国国债，协助这些国家压低长期利率。

金砖五国打破垄断局势

在 2009 年 G20 伦敦高峰会上，二十国集团的地位正式获得确认，在功能上 G20 取代了过去富国俱乐部八大工业国集团（G8）的角色，立刻成为最重要的全球议题定期协商机制。在伦敦 G20 会议上，美国与西欧各国也同意启动国际货币基金组织改革计划，一方面大幅增加可贷资金规模，同时重新安排国际货币基金组织投票权，让金砖四国取得更大的份额，四国的投票权比例总和可以超过 15%。西方国家也首度表示，愿意就国际货币基金组织的宗旨与任务、决策机制、经济治理哲学以及最高层人事的改革进行探讨。不过，到目前为止，美国仍不愿意放弃它的否决权（也就是让自己的投票权从 17% 降低到 15%以下），欧洲也仍未准备放弃对于国际货币基金组织高层人事的独占。

在二十国集团里面，基本上还是两股力量在角力与寻求平衡。一边是美国领导的西方七大工业国，一边是以中国为首的金砖五国（BRICS）。金砖五国不但拥有全球 43% 的人口、75%以上的外汇储备，而且在全球经济复苏迟缓、欧债危机深重难返的背景下，金砖五国作为一个整体，在 2009 到 2013 年之间依然保持了两倍于全球和四倍于发达国家的平均经济增长速度。经济力量上的此消彼长，意味着西方国家长期把持全球治理体制的时代即将结束，金砖五国已经有能力改变以西方世界为中心的现存国际秩序。虽然金砖五国当前还不是一个紧密的政治集团，内部还有很多矛盾（尤其是中国和印度之间的猜忌），但是经过一段摸索期之后，金砖五国已经逐渐探索出它们对全球性议题的共同立场。

2011 年在中国三亚举行的第三届“金砖五国高峰会”，已经为重新塑造 21 世纪的国际经济合作体制与金融秩序揭开了序幕。在这次会议上，金砖五国领袖公开宣示，将与所有发展中国家携手合作，建立一个更公正、更民主的国际政治经济新秩序。他们特别将矛头指向滥用其全球铸币权的美国，提出建设公平、公正、包容、有序的国际货币金融体系。

金砖五国提出要建立一个公平、公正、包容、有序的国际货币金融体系。这话是什么意思？就是说现有的国际金融体系是不公平、不公正、不包容、失序的。但它们用一种正面表述来表达它们对现存西方主导的全球治理体系的不满。为什么世界银行和国际货币基金组织总裁永远一个是美国人做、一个是欧洲人做？世界上经济的实力对比已经出现了那么巨大的变化，如果西方国家把这些管理机构和多边体制牢牢掌握在自己手中不放的话，非西方国家就另起炉灶，也即“如果你内部不改革，那我就从外部改革”，那样就会带来更大的冲击。

《德里宣言》撼动现存世界秩序

2012 年金砖五国发表的《德里宣言》，乃是一份撼动现存世界秩序的重要历史文件。这份全文共 50 条的宣言，明确揭示金砖五国高峰会的宗旨已经有所改变，将从经济性国际组织提升为政治性国际组织。未来金砖五国将代表新兴经济体与发展中国家，针对所有重大全球性议题，形成共同主张与政策方案，并与美国所主导的八大工业国高峰会分庭抗礼。在这次会议上，五国元首正式提出要成立一个“金砖国家开发银行”，为发展中国家基础设施建设提供资金。

《德里宣言》涉及当前国际社会所关注的所有重大全球议题，从全球气候变迁、“多哈回合”贸易谈判、欧债危机到推动非洲发展。这份宣言对区域热点议题也着墨不少。特别引人瞩目的是，金砖五国在宣言中对于如何妥善解决以色列占领巴勒斯坦、叙利亚政局、伊朗核危机与阿富汗重建这四个问题，均提出了明确的主张，意在牵制美国的片面行动。宣言强调，放任伊朗核问题僵局升级成冲突将带来灾难性的后果，也强调叙利亚危机只能通过和平方式解决。

这份宣言对美国而言如芒在背，因为五国领导人已经联手公开挑战美国的领导地位。金砖五国针对奥巴马政府眼前最感棘手的叙利亚与伊朗问题，摆明了唱反调的立场，既反对西方国家对叙利亚进行军事干预或向反对阵营提供武器装备，也不打算配合美国刚刚宣布的对伊朗石油出口禁运措施。

2013 年在南非德班举行的第五届金砖五国峰会，更采取具体步骤来撼动西方国家主导的全球秩序。金砖国家正式就建立金砖国家开发银行达成共识，决定成立一个工作委员会来进行可行性研究。这个开发银行势必直接挑战世界银行几十年来的支配地位。金砖国家也决议筹备金砖国家外汇储备库，等于正面挑战国际货币基金组织的地位。峰会也决议建设“金砖国家光缆”，将于2014年初开工，2015年启用。这个直接连通五个金砖国家的海底电缆系统，将保障彼此间的网络安全，消除在通信领域对欧美发达国家的依赖。

金砖五国作为世界新兴经济体的代表，在《德班宣言》中强烈主张全球经济治理改革，大幅增加新兴市场国家和发展中国家的代表权和发言权。它们尤其对国际货币基金组织改革的缓慢步伐表示担忧，认为现在迫切需要执行2010年的治理和认股权改革方案，并且强调此改革“对确保国际货币基金组织的合法性和效率是必需的”。

除了经济以外，金砖五国也已经在其他议题领域发挥其影响力。比如说世界各国最关注的全球变暖问题，特别是关于《联合国气候变化框架公约》的协商，这个所谓的“后京都议定书”新协议的基本架构，过去都是西欧在主导——美国长期抗拒整个构想，不愿接受任何一个全球性的强制减少温室气体排放的协议，置身事外，所以欧洲变成领导者。

欧洲在设计游戏规则时，其实在很多方面还是以自己利益为第一位考虑的。但这个主导地位，在2009年联合国气候变迁哥本哈根会议上，就首次面临来自中国、印度、巴西的挑战。在这次戏剧性的会议上，中国与印度带领发展中国家挑战西欧集团提出的“丹麦版本”，获得绝大多数国家代表的响应。从此西欧在全球气候变迁议题上再也无法占据主导地位，西方国家不得不与金砖五国为首的非西方国家协商。

在那次会议上，奥巴马总统想挽救濒临破局的会议，临时约温家宝总理单独协商，吃了闭门羹；他又转念找印度总理辛格会见，也吃了闭门羹。最后才发现，原来中国、印度、巴西与南非的领导人，正瞒着美国私下聚会商量大计。奥巴马总统决定不顾颜面，径自闯入四国首脑开会的酒店，美国的特勤人员还差一点与中方安全人员开打。事后美国新闻媒体评论，这是100年以来美国总统遭遇过的最大外交耻辱。一叶可以知秋，大家都看出来这个世界已经在变了！

非西方国家面临的抉择

在面对西方国家建构的全球秩序以及相应的全球治理机制时，未来非西方国家的社会精英必须思考两组核心问题：第一，西方国家所建构的秩序与制度，以及其背后的核心理念，是否公正？是否合理？是否可持续？第二，非西方国家是否能提出一套新的理念以及具体主张，能更合理、更公平、更有效地处理全球治理与人类永续发展课题？

对于第一个问题，其答案已经呼之欲出。当前西方国家所建构的秩序与制度，并不公正，也不合理，无法真正回应地球上70亿人的生存与发展需求，在非西方世界全面崛起后也必然无法持续存在。这个以西方个人主义理念为基础、以西方富裕阶层利益为核心的全球秩序正面临重大难题与危机。

对于第二个问题，包括中国在内的非西方世界知识精英还没有做好充分思想准备。非西方国家的知识精英过去对整个世界的理解，对于全球事务应该遵循什么样的秩序与规则来进行管理，不自觉地会陷入西方中心的窠臼，一旦西方中心思维开始被质疑或被迫调整时，接下来什么才是一种更合理、更公平也有机会实现的新秩序？这个大问题还需要一段时间来共同探索，而在探索的过程中不可避免地要对于现行全球秩序的本质、运作机制以及内在矛盾进行批判性的分析。

透视西方世界秩序

当前全球秩序的基本构成是美国支配的霸权体系与西欧推动的法治体系之混合体，这个混合体本身充满着矛盾与伪善，因为美国霸权体制与西欧法治体系彼此高度不相容。美国霸权体制最显明的特征就是美国例外主义（American Exceptionalism）。美国坚持自己可以无限制延伸其国家安全利益，一直延伸到地球每一个角落、每一寸海洋与每一封电子邮件，而且只有美国可以。美国长期在所有地区试图独占安全秩序支配者的角色，并将主要费用转嫁给被保护国或其盟邦。美国坚持自己保有在全球任何地方进行前进军事部署与选择性军事干预的行动自由，并让绝大多数中小型国家陷入美国操弄的安全困境，尤其是中东的石油输出国家，让它们必须采用石油交易美元计价，确保美元霸权。美国例外主义与西欧国家推动的法治体系的矛盾是难以掩盖的。

当前全球秩序有 7 个主要领域：（1）主权、疆域与认同；（2）武力与安全；（3）生产与交换；（4）货币与金融；（5）健康、环境与生态；（6）知识与意识形态；（7）信息与网络。这 7 个领域过去在美国单极体系下，尚可勉强维持其连贯性。如今美国领导地位陨落，以自我利益为中心的倾向更为明显，这些领域都开始出现价值冲突、政策协调日益困难、新生事物监管缺位、现有全球治理与协调机制功能退化或既有体制与客观形势发展严重脱节的现象。而且不同领域的体制与规则相互抵触、彼此干扰的情况更是屡见不鲜。

在武力与安全领域，美国的独行独霸已经让联合国安理会体制形同虚设。当美国可以掌控安理会时，就打着联合国的旗号进行经济制裁或军事干预；而安理会不顺其意志时，其就自行组织制裁或军事干预同盟，把联合国安理会彻底架空。美国能主导世界贸易组织时，就推进多边贸易谈判；当其失去在世界贸易组织内领导地位时，就联合安全盟友搞 TPP 或 TIPP

这类排他性自由贸易板块。

美国支配世界各区域安全秩序的局面必然难以为继。美国传统盟邦（特别是英国与法国）早已无力支撑昔日军事大国的门面，日后更难配合美国的选择性军事干预，此一困境在叙利亚内战问题上暴露无遗。美国在东亚的传统安全盟邦都面临抉择困境，因为它们对中国的经济合作需求与配合美国军事围堵的矛盾日益突出。

由于国际体系中大国与小国的幅员与国力极端不对称，所谓主权独立与主权平等原则根本是一种虚构的假象。严格说来，世界上除了美国、中国与俄罗斯等少数核武大国外，绝大多数国家都称不上真正的主权独立国家，因为它们仰赖超级大国的安全伞保护，它们的经济主权早已被大国主控的超国家管辖机构（例如德法主导下的欧盟）、国际组织（例如国际货币基金组织）或多边协议（例如各种自由贸易协议）所架空，在经济全球化脉络下它们更被无形的市场力量所挟持。许多国家的固有疆域也同时面临族群、地域、宗教认同冲突以及分离运动的挑战，网络科技革命更让实体疆域管辖与传统国族认同这两个国家的基本元素，面临超国界虚拟世界无限延伸的冲击。

在现存西方世界主导的秩序之下“天下很不平”。当前人类社会的人身安全与可持续发展面临诸多的挑战：

- 基督教世界与伊斯兰教世界的冲突不断上升，宗教极端组织获得毁灭性武器的风险持续增长。

● 全球环境与生态失衡的危机在持续恶化，能源、粮食与水资源的争夺成为国际冲突的新焦点，弱势群体饱受频繁巨型天然灾害威胁。

● 全球经济结构失衡越来越严重，西方国家的产业竞争力不断流失，需要靠不断扩大举债来勉强维持当前的生活水平。2014 年全球总债务已经累积到 211 万亿美元，相当于全球 GDP 的 287%，其中 3/4 是发达国家积欠的。[74] 发达国家沉重的债务负担，迫使美国联邦储备委员会、日本央行与欧洲央行不得不长期维持超低利率环境，但这也导致投机性虚拟金融交易不断膨胀，国际金融体系累积的系统性风险不断增高，全球性金融危机不但频频爆发，而且对实体经济的摧毁力量愈来愈可怕。

● 网络安全对社会秩序、经济安全与人权保障的影响不断上升，但所有利益攸关者与各国政府对于网络世界的全球性规范与管辖主体的问题争论不休，莫衷一是。[75]

● 智能产权规则被严重扭曲：专利制度已经沦为跨国企业攫取暴利与巩固市场垄断地位的工具，巨型跨国企业通过广泛收购专利来封锁创新与排除潜在竞争者，或滥用侵权官司来打击新进企业并设立产业进入障碍。其结果是，美国在全球推动严格的智能产权规则，负面作用远大于正面作用；能发挥鼓励创新的作用有限，但对推广科技创新与分享科学知识却构成巨大障碍。尤其在医药领域，大药厂全力维护专利药品的暴利，更凸显资本逐利的动机完全可以凌驾弱势群体的生命价值之上。

● 地球生物多样性濒临快速全面消失的危局。全球农作物品种日趋单一，基因改造食品缺乏有效监管，给人类社会稳定粮食供给与食品安全埋下不测的风险。

在这个充满风险、矛盾与伪善的现行全球秩序下，各种荒谬的图像频频涌现。例如，西欧国家领袖经常对发展中国家维持死刑指指点点，但对于美国发动伊拉克战争带来50万无辜平民死亡的惨剧却视若无睹。又如，美国占领伊拉克一个月的花费是40亿美元，占领阿富汗一个月的花费是19亿美元，从2008年到2010年这3年间，美国政府救援华尔街金融机构的花费至少2.3万亿美元。可以想象，如果将这些巨额经费移作援助落后国家饥民或扶助自己国内贫困人口之用，可以发挥多大的作用！然而，当前全球仍有10亿人口处于饥馑边缘等待援助，美国国内仍有4 000万人在贫困线下挣扎。

回溯现存秩序的思想源头

作为批判分析者，我们不能仅仅对这些荒谬景象进行道德批判，而必须追溯什么样的深层因素是导致这些荒谬现象的根源。我认为问题的根源在于建构现存全球秩序的指导理念。这些指导理念在过去造就了西方的富强，也是急于想追赶西方的后起之秀奉为圭臬的指导思想，但这些指导理念却也是导致人类社会冲突、失序与极度缺乏公平正义的根源。有三个指导思想是西方国家建构当前全球秩序的基础：一是西方中心主义，二是现实主义，三是自由主义。

西方中心主义相信西方历史经验与价值体系的普世性与先进性，但也因为如此，西方国家倾向区分我族与异类，歧视与排斥异类文明，人为制造正义与邪恶的对立，并勇于教训与改造他人，这是导致文明与宗教冲突的根源。

现实主义主张国家利益极大化，突出国际体系利益冲突的本质，主张武力为贯彻国家意志与解决争议的最后手段，接受强者支配弱者是自然秩序。在现实主义思想指导下，美国建构的霸权体系追求绝对的安全与压倒性军备优势，处处防范潜在威胁者，时时压制与围堵潜在挑战者，甚至主动制造敌人并先发制人。这种思维导致所有主要国家都陷入安全困局（security dilemma）与军备竞赛的恶性循环，无法自拔。

自由主义虽然一方面强调国际社会互利合作的可能性，主张通过规范与制度的建构来化解冲突与引导合作，但另一方面主张个人自由与利益极大化，并鼓吹民主神话与市场万能。经济自由主义思维掩饰资本主义的掠夺与剥削本质，纵容物欲横流的消费主义，合理化财富两极分配。政治自由主义强调人与人、国与国之间形式上的权利平等，但刻意忽视实质上的不对等与不平等。在政治自由主义指导下的民选政治逻辑必然阻碍国际社会的合作，因为民选政治的逻辑必然强化狭隘的国家利益本位思想，也必然引导各国领袖追逐短期目标。最常见的情况是：各扫门前雪、以邻为壑的主张一定有政治市场，顾全大局、反求诸己的政治主张很难伸张，居安思危、未雨绸缪的主张更是曲高和寡，所以各国政府很难齐心协力来有效处理全球议题，更难真诚合作化解全球经济困局与生态危机。

王道思想可济西方之穷

相较之下，中国的王道思想可以为 21 世纪全球秩序的重组提供一套新的指导思维，因为王道思想正好可济西方核心理念之穷。王道思想为个人的道德责任提供明确实践准则：修身、齐家、治国、平天下，循序渐进、由内而外、由近而远。同时，王道思想也为群体间的互动准则设定三层不同的境界。第一层是先做到“反求诸己”、“推己及人”、“讲信修睦”、“己所不欲勿施于人”；行有余力则“济弱扶倾”、“己立立人，己达达人”；最后是以“大道之行，天下为公”为最高的实践目标。个人根据自己的资材、德行、知识与客观条件，尽其所能，进退有据，但求无愧。

王道思想也强调中道，要执两用中，不偏不倚，要在本质上有矛盾与冲突的事理中求取平衡，要处理不同层次群体间的利益关联与协调，既要顾全大局也要照顾个体需求；处理事务要因地制宜，审时度势，兼容并蓄，道为纲、术为目。这种思维方式，与西方理性主义所习惯的“从少数抽象先验原则出发，然后针对个案演绎出合理的结论”非常不同。

多年前中国社科院哲学所赵汀阳提出的“天下体系”，得到了许多知名的欧洲与印度社会思想家和政治哲学家之高度评价，而“天下观”正是王道思想体系所采取的世界观。赵汀阳的理论一针见血地指出，在西方思想中国家已经是最大的政治单位了，世界只是一个空洞的地理空间，然而从国家利益出发不可能看到并定义属于世界的长久利益、价值和责任，当然也不可能发展出世界的公正秩序。在西方历史上，帝国模式是其政治思想的极限，然而其核心仍然不过是基于国家理论的“一国统治世界”，是强国追求自身利益最大化的结果。[76]

而在中国有着几千年传统的“天下”思想则有着超越国家的维度，表达了关于世界秩序的一种理想。“天下”理论首先要求把世界视为“无外”的整体。假如把世界看作是给定的分裂模式（比如西方所习惯的敌/我、国内/国外、信徒/异教徒等基本政治区分），那么世界的完整性就只能通过征服他者或“普遍化”自己来获得。而“无外”原则保证了天下的完整性只能依靠内在的多样性和谐来维持。赵汀阳的理论建构对重新建立中国自己的思想框架和基本观念，重新创造中国自己的世界观、价值观和方法论，以及重新思考中国思想文化对于建构世界秩序的意义而言，都是一项重要的尝试。

传统的西方思想将国家视为最大的利益共同体，国家之上的规范与制度仍是以国家自愿遵守为前提，自由主义又将国家利益化约为个人利益的总和，政治人物必须以讨好个别选民为依归。而王道思想则揭示“无我、无私、无外”原则，主张个人的生存意义在于增进群体的福祉，必须承担对群体的责任。“天下”为最高的利益共同体，乃是个人最大的关怀对象与最高的道德责任所在。天下高于国家、国高于家、家高于个人，这与西方的个人主义与国族主义正好形成强烈的对照。

王道思想所提倡的天下体系与西方国家所建构的现代主权国家体系最大的不同是：王道思想认为国际社会中本来就存在强弱与尊卑间的不对等，对此不能视而不见，反而要正视其道德意涵。因此，王道思想强调，对强者、居上位者应该课以更高的道德责任，居上位者要修德文、以大事小、多予少取、济弱扶倾。反观西方历史经验孕育的主权国家原则，早已背离其孕育的西欧历史情境。

在 18 世纪的西欧，主张以主权国家作为国际社会的基本单元，彼此平等、相互独立，有其客观的合理性，因为西欧国际体系的主要成员在国力上大致等量齐观。但是当主权国家有强大如美国者，有微小如图瓦卢（人口 1.2 万）者，主权国家原则就成为斯坦福大学克瑞斯奈尔教授（Stephen Krasner）所称的“用组织堆砌的虚伪”（organized hypocrisy）。[77]虚伪的平等掩饰了以强凌弱的真实，国家利益至上的原则让强者可以名正言顺地追求自我利益极大化，可以己所不欲施于人，可以规避提携贫弱者齐头并进的扶持义务，可以摆脱维护人类社会共同利益的道德责任。

王道思想倡导局部与全体是有机的联系关系，无法分割；追求局部利益不能危害全体。此外，王道思想认为多元与差异本为自然状态，不但要包容差异，还要视其为理所当然，“多元一体、和而不同、休戚与共”才是合理的自然秩序。王道思想主张在多元中追求和谐共生，反对刻意压制差异或打造齐一，异族并非“外者”，而是与我共生的整体的一个部分，彼此命运相关联。唯有这种观念才可以化解人类社会的文明与宗教冲突于无形。

中国领导人应该从王道思想以及其他传统文化资源中汲取智能，来赋予“中国梦”与“世界梦”更丰富的内涵，并逐步建构21世纪中国全球角色与责任的理论体系，这样才能为中国“绝不称霸”的政策宣示注入正面能量。也唯有从王道思想的高度出发，中国才会有绵绵不断的内部动力，来义无反顾地协助需要帮助的发展中国家，落实“己立立人，己达达人”的王道精神。

也唯有从这样的高度出发，中国才有道德能量号召所有发展中国家以及西方国家内部的进步力量来推动全球治理机制的变革，让所有利害与共的群体都有机会参与全球事务的管理，才能彻底控制资本主义全球化的风险与破坏性，才能有效驾驭全球资本主义的两极分化倾向，才能全面建构市场与社会、文化、环境共生的规则，才能让每一个国家脱离全球资本主义的宰制，才能改造当前全球权力运作场域的不合理宰制关系，让市场活动与知识生产回归满足人类社会多数人的生存发展需求的初衷。

深化南南合作的巨大历史机遇

为纪念60 年前具有历史开创意义的“万隆会议”之召开，2015 年 4 月，“2015 亚非商业峰会”在印度尼西亚的雅加达举行，本次峰会的主题是“加快建成进步而繁荣的亚非伙伴关系”。印度尼西亚总统佐科在峰会开幕时致辞强调：“60 年后虽然国际环境发生巨变，但基于公正、平等、和谐、繁荣的世界新文明的共同梦想仍未实现。亚非国家需要继续团结起来推动建立公平、公正的世界经济和全球治理新秩序。”

60 年前，在印度尼西亚召开“万隆会议”时，多数南方国家才刚刚挣脱被殖民的地位，在军事、政治、经济与意识形态领域仍受到西方前殖民国的全面钳制，也很难真正超脱美苏两大集团对峙的冷战格局。但60年后的今天，佐科倡议强化南南合作已经更有底气，因为南方国家已经有能力参与一个更公平与公正的世界秩序之建构。

对于绝大多数曾经是西方殖民地的南方国家而言，中国兴起为自己追求全面自主发展提供了难得的历史机遇，这样的可能性在60年前是无法想象的。300年来首度有一个兴起中的超级大国不是以掠夺者、殖民者、支配者或文明优越者的思维与姿态出现在南方国家面前；300年来首度一个兴起中的超级大国具备足够的技术、产能与资本输出条件，可以同时在上百个发展中国家兴建水库、发电厂、输电网、移动通信平台、光纤网络、铁路、地铁、高速公路、深水港与工业区；300年来首度一个兴起中的超级大国能为全世界中低收入群体全方位供应价廉物美的工业产品以及网络通信平台，让中低收入国家的几十亿人可以一举跨入现代社会与数字时代；300年来首度一个兴起中的超级大国是以官方开发融资机构以及国有企业为推动经济合作与发展援助的主体，而不像过去西方国家以追求资本回报极大化的私营跨国企业与银行为先锋；300年来首度一个兴起中的超级大国，一方面可以作为最大贸易伙伴与最大投资来源国，但另一方面不灌输意识形态，不强迫移植自身奉行的制度，不胁迫设置军事基地，也不搞政变。

这样的历史机遇应该不会是昙花一现，因为：首先，中国仍处于中等发达阶段，仍有维持长期中高速增长的潜力，在可预见的将来仍具备拉抬南方国家的巨大能量。其次，在可预见的未来，中国仍将立足于社会主义市场经济与一党执政体制，这个体制仍以维护社会主义核心价值与优先保障广大群众的生存发展权利为其核心任务与合法性基础。主导这个体制的执政精英在一定程度上仍倾向政府与市场双手并用，不迷信市场万能，会长期维护国家资本对战略性与垄断性经济部门的主导地位，也不至于沦为跨国资本集团及全球富豪阶层的政治俘虏。在相当一段期间内，中国仍在探索最佳的社会发展模式，制度创新的动力依然丰沛，既得利益集团阻碍创新的力量不足为患。

当然，中国是否能扮演好这样一个全球性角色，也取决于中国政治体制能否长期保障执政精英的相对自主性，维持国家机器的公共利益导向，确保中国共产党不异化为垄断性利益集团；也取决于中国社会精英是否能善于运用自身的文化积淀与历史经验，承袭天下观视野与超越国家利益的思考维度，掌握好义利之辨的智慧精髓并坚持济弱扶倾的道德观。

改造全球化游戏规则

南方国家想要逐步推进印度尼西亚总统佐科有关建构公平、公正的世界经济和全球治理新秩序的倡议，就必须设法结合西方社会的进步力量，协力改革过去由美国领导西方国家所打造的全球化游戏规则。

从80年代初期开始，在新自由主义意识形态指导下，美国推动的全球化游戏规则可以简单归纳为两个基本原则：一是为私有资本在全球范围打造最安全、最友善的环境；二是为资金、商品与信息的跨国流动打造最自由、最宽广、最低成本的无障碍空间。

美国主导下的全球化，参与跨国生产与销售活动的主体是美欧日跨国企业。主导跨国投资与融资活动的主角是美欧日商业银行、投资银行、私募基金与避险基金。所有举足轻重的信用评级机构、咨询顾问公司、大会计公司与智库，都是为这些驰骋全球的私有资本提供服务。其必然结果是大者恒大、强者恒强，资源都高度集中于全球中心城市与企业龙头。

过去西方国家主导的众多国际组织，包括世界银行、国际货币基金组织与世界贸易组织，其最重要的任务也是贯彻上述两个基本原则。当下最鲜明的例子就是，在与希腊政府谈判纾困方案时，欧盟、欧洲银行与国际货币基金组织这三驾马车的基本出发点，不在于帮助希腊走出经济大萧条，而是维护跨国银行的债权。所有它们提供的所谓“纾困融资”，几乎没有一分钱是真正用于缓解希腊经济下坠危机，而是全部用于支付希腊国债债主所要求的到期本金与利息。

现在非西方国家有机会在金砖五国的带领下，重新塑造现存的全球化游戏规则。跨国经济活动的基本规范，应该从“对私有资本友善至上”的原则逐渐调整为“对资本、劳动与环境三者友善的调和”；参与全球经济活动的主体，应该从独惠跨国私有企业与金融机构，扩大到惠及社会企业、合作组织、国有企业、主权基金与开发银行等更广泛的企业和机构；市场经济活动的基本游戏规则，要从以私有产权为前提的传统思维中解放出来，主动赋予合作经济与分享经济合理的发展空间；对于虚拟金融活动，应该从自由放任的状态，改变为有效监管，以防止虚拟金融严重干扰实体经济活动；必须扭转强者恒强、贫富日益悬殊的趋势，强化个体、微型企业与边缘群体参与经济全球化的机会，让他们利用网络与数字化生产，突破跨国企业与银行的垄断。

分享经济转化资本主义

2014 年在全球引发最多讨论与关注的严肃主题著作莫过于皮凯蒂的《21 世纪资本论》。这本书有力地说明了为何资本主义必然导致贫者越贫、富者越富。但皮凯蒂并未能给出令人信服的政策处方。

他主张在全球范围征收富人税，但很难想象如何可能促使各国政府齐心协力来推动这样的改革。所以，读完他的书心情会很沉重，因为似乎人类社会在资本主义宰制下，除了等待激进社会革命爆发或资本主义自我崩溃外，没有其他出路。

不过，历史发展的各种可能性是不可限量的。2014 年还有一本没有那么轰动，但知识内涵极为丰富，而且更具前瞻性的新书，那就是杰里米·里夫金（Jeremy Rifkin）的《零边际成本社会》。[78]

在这本极具想象力与震撼力的新书中，他预告资本主义体制下市场交易模式将逐渐被“协力共有”（Collaborative Commons）模式取代，并大胆预言新经济典范有可能在 21 世纪下半叶迫使资本主义体制退出人类历史舞台，而驱动这个革命性改变的关键在于：越来越多生活领域所需的服务与商品的边际生产（与销售）成本将趋近于零。

其实，已经有不少经济活动实现零边际成本，并导致传统商业模式濒临灭绝。现在每个人都可以替代大众传媒或出版社，可以轻而易举地自行出版“数字书”，不需要出版社的编辑、排版、印刷与配送，也不需要实体书店的销售服务。因为电子版复制的边际成本为零，多数人会乐意免费让所有人分享，让自己的知识成果成为“共有”；完全不需要据为“私有”或费神主张“知识产权”或订定“交换价格”。维基百科就是“协力共有”的范例。

里夫金引导我们大胆想象，随着物联网、可再生能源、资源循环利用、机器人与人工智能的技术突破，绝大多数实体世界的服务与商品之供应与虚拟世界可以完美结合，并全面带动新的经济典范：每个人都有条件自行生产免费能源，享用边际成本趋近于零的运输服务（利用自动驾驶车和无人飞行器）；自己设计与生产所需日用品（利用 3D 打印机）、自己种植所需农产品（利用自动化暖房与智能机器人），多余或不足的部分可以通过网络与世界各地任何人分享或直接交换；需要一定规模的生产活动，可以通过合作互助方式共创共享。

零边际成本也会让传统的合作经济模式获得全新的动力。由于合作产销、长途配送、信息交换与行政协调的边际成本趋近于零，合作社组织的开拓不再受到地域限制，合作社组织可以同时具备在地性与全球性，全世界各地的合作事业都有机会通过网络进行无远弗届的交流、合作与协调，并交织为覆盖全球的合作经济网络。合作社组织所构成的共享与交换网络，可以通过其供应或采购政策，来筛选履行社会责任和环境责任的生产与销售模式，以及筛选对社会与环境友善的金融产品与微型金融模式，为全球化过程另辟蹊径。

在彻底的“协力共有”模式下，公司或营利组织将无以立足，金钱成为多余，所有权不如使用权，也无须为子孙预留什么，个人顶多只需要在社会贡献簿上累积一些点数。未来，即使是非洲偏远乡下的孩子都可以上网选修世界最知名的独立学者（因为大学也会消失）提供的开放课程，而且云端软件会自动将其翻译为各种少数语言。独居的老人可以通过简易的感应装置自行进行健康诊断与定期追踪，并从云端获得精确的报告与建议，以及实时的到户补给。

当科技革命让过去梦想中的乌托邦更接近实现可能时，剩下的关键问题就是政治力的较量。可以预见 21 世纪最激烈的社会冲突，就是少数阻挡“协力共有”模式的人与众多迎立新典范的人之间的斗争。资本主义下的既得利益者不但会全力妨碍，还会设法通过自己的政治影响力左右市场交易规则，让自己掌握零边际成本的天赐良机，在极短时间内成为超级富豪，例如微软的创办人。

多元现代性框架的确立

兴起中的中国将是撼动全球秩序的最重要转型力量之一，也是引导 21 世纪全球秩序重组的主导力量之一。在这层意义上，中国发展模式影响全球秩序重组，中国发展道路的选择影响人类社会未来。中国发展模式的突出表现，震惊了西方主流经济学，也撼动了国际发展机构对于经济发展与经济治理的话语权，让许多第三世界国家思考：如何在社会公正、可持续性发展以及自由市场竞争效率之间取得平衡，有一个更宽阔的选择空间。中国政治模式的实践经验也十分突出，在引导社会追求最佳公共选择上有其明显的功效；特别是它在西方代议民主体制的经验之外，开辟了另外一种取得“政治正当性”的途径。

对人类历史发展而言，中国兴起与中国发展模式的出现，将加速一元现代性框架的式微，加速多元现代性框架的确立。我们过去所熟悉的一元现代性历史格局在消失。过去“西方”代表的是“先进”，其他国家只能慢慢模仿和靠近，进步和落后的坐标是非常清晰的。现在我们几乎可以确定，21 世纪的特征就是“多元现代性”（multiple modernities）。不同历史与文化背景的国家，可能会以不同的路径走向现代化，而且它们成熟稳定的现代化社会的模样、组织原则中，有现代性成分，有共通成分，也有其特殊的成分。不是每一个国家最后都会演变成美国，或者演变成德国。事实上，像日本、韩国、新加坡等作为高度现代化国家，其实它们社会与政治的组成与运作模式和美国、欧洲很不一样。不过我们有时候忽视其差异，只看它们共通的地方，勉强去套用一元现代性的历史格局。

我们可以预见未来全球公共论述领域将出现多元并举的格局，西方历史将不再是唯一的参考架构，也不能用简单的形式化指标来界定文明的“先进”与“落后”。在多元秩序格局的世界里没有先验的“普世价值”，任何制度与价值体系都必须在不同的社会土壤中、不同历史条件下经过实践的检验，经过时间淬炼，才能取得其特定时空下的正当性。没有国家仅仅因为披上“代议民主”的外衣，就自动取得政治文明的优越地位。

现行的西方代议民主体制也处于转型与变革的前夕。美国民主败坏昭然若现，金权政治横行，财团控制政客与媒体，特殊利益集团左右政策，中产阶级利益受到压抑，贫富日益悬殊，民众对民主机构的不信任已经到达谷底。各项民调显示，从上个世纪80年代中期开始，信任国会的美国民众就从接近四成的比例一路下滑，到2006年以后跌破两成，到了2012年之后更跌破一成。西欧的代议民主也因为政客急功近利、选民愚昧短视，以及优裕的国际地位与外部环境不再，而陷入二战以来最艰困的处境。如今，欧洲国家遭逢欧元区濒临崩解、财政难题无解、通货紧缩阴霾不散、世代冲突严峻、激进主义抬头、社会动荡加剧等多项难题，如果民主体制无法有效回应这些空前的挑战，上个世纪30年代许多欧洲国家出现民主崩解的历史可能重演。

当前西方的代议民主体制已经不是靠换上来几个有能力的政治领袖或是在政策上修修补补，就可以让西方社会脱离困境。《经济学人》杂志主编在《第四次革命》一书中沉痛地指出：政府功能失调是民主国家的普遍难题，过去几年发生的重大事件使民主制度的结构性缺陷暴露无遗，民主国家难以进行长远规划。选民只想让政府提供更多公共服务，自己却不肯为此埋单，随着越来越多的利益集团获得立法否决权，民主体制内部的制衡机制有滑向瘫痪的危险。[79]西方代议民主需要根本性的变革才能振弊起衰。

从更深一层角度来思考，西方民主体制的内部变革还必须放在全球化与数字科技革命的大脉络下寻求治本之道。在经济全球化时代，绝大多数中小型国家受制于其有限的管辖范围以及日趋萎缩的政府职能之框限，以“主权国家”为单元的民主体制已经无法有效履行其保障公民基本权利与增进全民福祉的基本职能，必须在全球层次建构新的民主治理机制，才能在根本处矫正当前世界只有经济全球化，而没有社群认同全球化与政治全球化的结构不平衡状态。

与此同时，网络社会与大数据时代的来临，也意味着公众、社区、政府与企业之间的关系和互动方式即将出现剧烈改变，有百年历史的西方代议民主与政党政治模式将被迫转型。网络社会让政府运行模式的开放与透明，以及公共服务的提供管道与实时反馈机制，出现全新的可能性；网络科技带来公民直接并广泛参与问责和监督机制的无限可能性；网络社会的来临，也意味着利益攸关者之间多方协商与政府政策制定机制可以机动结合，而让传统民意机构的代议功能与政党的中介角色顿时成为明日黄花。另外，社会媒体的泛滥也带来“数字部落主义”（digital tribalism）的趋势，为公共治理带来社会隔离与分歧固化的新难题。

我们可以断言，21 世纪必然是民主体制创新试验的大时代。如果中国政治体制可以持续在维护国家机构的相对独立性与公共利益导向、引导社会追求更符合集体长期利益的公共政策选择、调节社会群体与世代利益冲突、保障弱势群体基本经济社会权利以及社会流动的开放性等这些核心领域展现其突出的绩效，绝对有资格与西方代议民主体制在全球意识形态领域一争高下。

把握改造全球秩序的契机

非西方世界的全面崛起，为21世纪带来改造全球秩序与治理机制的契机。不过，包括中国在内的非西方社会是否能掌握这个契机则系于两者：第一，非西方社会精英面对过去长期居于优势的西方文明能否产生反思能力；第二，非西方社会的知识分子是否能具备文化自觉能力。

非西方世界的知识分子现在应该可以看清楚：西方国家的发展经验，尤其是西方基于功利主义与个人自由的物质文明，是没有办法在全球范围复制的。全球人类发展的格局、地球脆弱的生态条件都不允许非西方国家复制西方国家的资本累积模式，也不允许它们全盘移植西方物质文明背后的价值体系，尤其是美国的消费主义是不能复制的；因为复制的话，我们需要六个地球，而不是一个地球。中国与印度没有其他选择，它们必须寻找一条不同于过去西方国家的发展道路与社会发展模式，它们也不得不提出一套追求超越国家利益极大化逻辑的全球和谐共生思路与治理机制安排，来解决地球上绝大多数人的生存发展、社会公正以及可持续性发展问题。

21 世纪要比过去任何时期都更需要进步的、创新的规范性国际关系理论，来指导人类建构一种更公正的全球秩序、一种更符合对等与互惠原则的国际经济交换模式、一个更尊重文化与宗教多元性的全球公共论述领域；建构一种更能统筹兼顾地球上绝大多数群体的可持续发展需要，以及更能体现“休戚与共”及“和而不同”理念的全球秩序。

非西方社会的知识精英必须认真回顾自己的文化脉络，以及从多元文化的视野汲取不同文明历史发展经验的精髓，来试图摸索出超越与替代现存的西方中心观的世界观与世界秩序。来自非西方社会的知识精英无法回避全球社会的公平正义与人类和谐共生议题，尤其是中国与印度的知识社群更是责无旁贷，因为这些国家的人口和经济规模让它们无法回避自己的发展模式给地球带来的负面外部性问题。西方传统的国族体制下国家利益极大化的思考逻辑对中国与印度知识精英而言是完全不可取的。两岸政治学者如能善用共享的文化资产，进一步拓展王道思想体系的当代意涵，是绝对有机会在规范性国际关系理论领域做出重大贡献的，也有机会为打造一种更合理、更公义的 21 世纪全球秩序做出知识贡献。

第六篇

重温历史、鉴往知来

世界博览会（简称世博会）最早是起源于商业动机，主要目的是展示工业技术与促进商品营销。但自从 1867 年法国巴黎世博会创立了“国家馆”制度，世博会就成为国际政治舞台上，各国投射国家形象、展示经济与科技综合实力，以及宣扬文化理念，向国际社会展示自己在现代化上所取得的各种成就，并重新塑造国家文明与进步形象的重大活动。

美国崛起的过程中，也曾经非常热衷于主办世博会。从 1876 年费城世博会开始，到 1984 年新奥尔良世博会为止，美国共举办过 12 次世博会，是主办世博会次数最多的国家。尤其是 1893 年为纪念哥伦布发现美洲大陆 400 周年而举办的芝加哥博览会，被许多评论家认定为美国跃登世界政治舞台的一个重要里程碑。通过规模空前的芝加哥博览会，美国向国际社会宣告，自己已经成为世界大国，在经济与科技领域已可与传统欧洲列强并驾齐驱。

中国第一次由官方出面兴建国家馆参展，始于 1904 年的美国圣路易斯博览会，距离 2010 年上海世博会有 100 多年。

当时清廷正处于风雨飘摇之际，不久之前，八国联军才让慈禧太后避难陕西，庚子赔款更让国库一贫如洗。在风烛残年之际，清政府为何决定拨用巨款正式参展，是一个长期被忽略但颇有深意的历史课题。

世博会见证中国百年沧桑

在协助上海世博会美国馆规划展出内容的过程中，美国国会图书馆亚洲部学术研究主任居蜜博士（Dr. Mi Chu），利用馆藏档案对 1904 年中国参展世博会那段尘封已久的历史重新考证发掘，写了《1904 年美国圣路易斯万国博览会中国参展图录》一书，由上海古籍出版社出版。这本书不但图文并茂地展示了中国参加 1904 年世博会的历程，也让读者得以一窥清末推行洋务运动时文化外交与民族工业的重要发展。

从居蜜博士发掘出的珍贵史料中我们看到的，不是一个愚昧无知的慈禧，也不是一个颟顸腐败的清廷，而是一个懂得如何与美国老罗斯福总统建立私人情谊的大清统治者，与一批充分理解文化外交重要性的洋务大臣。慈禧特别派出由贝勒爷溥伦领衔的高阶官方代表团，赴美主持中国馆的揭幕，同时带着慈禧的私函与亲笔签名玉照转赴华府，晋见老罗斯福总统。中国馆内展示了颐和园的模型及来自中国各地的工艺产品，精选的中国古籍善本与地图也在世博园的自由艺术宫（注：也就是今日的圣路易斯艺术博物馆）展出，并于展后赠送美国国会图书馆永久收藏。刚刚开办不久的河北唐山“启新洋灰（水泥）公司”的产品马牌洋灰，还获得了赛会的头等金奖，显示清末民族工业的可观进展。

由美国卡尔女士（Katherine Carl）为慈禧绘制的坐姿巨幅油画（注：宽 2 米，高 4 米），悬挂在中国馆的进口大厅，让参观展览的西方各国人士对这位大清帝国统治者的印象大为改观。这幅画在展后以慈禧之名赠送给老罗斯福总统，后者还亲自在白宫主持受赠仪式。不久之后，老罗斯福总统派他女儿艾丽斯访问中国，并获慈禧亲切接待，这段私人情谊直接促成了 1908 年美国国会通过老罗斯福总统的提案，将未动用的庚子赔款退还中国，用于兴建“清华学堂”，即清华大学的前身。这幅油画后来由华盛顿史密森尼（Smithsonian）博物馆收藏。[80]

从圣路易斯博览会到上海世博会正好见证了中国的百年沧桑，其间政权几番轮替，由清朝到民国，由北洋政府到国民政府，由国民党到共产党。中国百年现代化历史，具有很高的连续性与累积性，不能由政治任意切割。中国近代的民族工业奠基于清末的洋务运动，没有清末的议会运动也不可能有辛亥革命的“一举成功、各省响应”。如今辛亥革命已逾百年，两岸双方都必须以更开阔的胸襟、更大的历史格局观，来重新检视中国百年历史的脉络，并重新发掘战后台湾发展经验的深层历史意义。

民国缔造与亚洲再兴

要深刻理解100年前中华民国成立的历史意义，需要从世界史的高度出发。辛亥革命不仅仅是中华民族从积弱走向富强的历史分水岭，也是亚洲从百年衰落走向百年再兴的分水岭。辛亥革命不仅缔造了亚洲第一个民主共和国，也翻开了亚洲各民族挣脱殖民主义压迫与迈向全面现代化的历史新页。

表面上看来，民国建立之后，传统政治体制崩解所带来的混乱更趋恶化；太平天国之乱后形成的地方武装首领与督抚拥兵自重的局面，进一步演变成军阀割据与中央政权彻底空洞化。列强对中国的瓜分乃从蚕食进入鲸吞。举例来说，第一次世界大战爆发后欧洲列强自顾不暇，日本势力入侵山东、东北与华北，如入无人之境。中国作为孙中山先生笔下的“次殖民地”，根本无力避免民族沉沦的历史浩劫，遑论转化亚洲的历史悲剧格局。

但是，辛亥革命之后的国家分崩离析局面，激发了中国政治精英对于重建统一秩序以及加速现代国家体制建设的强烈渴望；帝国主义侵略的变本加厉，更加速了国家观念的巩固与民族主义的凝聚。任何有可能达成民族振兴目标的变革主张都有市场，任何被视为阻碍民族振兴的思想、结构与体制障碍都成为被变革的对象，这为日后的中国社会全面政治动员积蓄了巨大的动力。

在辛亥革命前后，亚洲各地争取民族独立振兴的政治精英已经开始相互声援扶助。孙中山先生也一直把争取中国的自由民主和支持亚洲各弱小民族的独立振兴，视为一体之两面。兴中会时代，孙中山先生在横滨的住所，便成为中国、印度、暹罗、朝鲜、菲律宾等国民族振兴志士经常聚会的场所。许多台籍精英如蒋渭水、连横、赖和等也先后加入同盟会，为此理想共同奋斗。

辛亥革命成功，受到全世界所有受帝国主义压迫民族的关注，亚洲各地民族独立运动领袖更深受鼓舞，因为民族振兴的火苗在中国已经点燃，也为亚洲民族挣脱殖民统治带来一线曙光。越南复国运动的先驱潘佩珠，受到辛亥革命成功之影响，乃将其革命宗旨从拥护越南阮氏旧王室复辟，改为建立越南民主共和政体，并开始加强与中国同盟会的联系，也从胡汉民、陈其美等人处得到不少援助。

解放殖民地，否决帝国主义

1910 年日本正式并吞朝鲜半岛后，大批朝鲜独立运动领袖流亡中国，并与同盟会维持密切往来。1919 年李承晚领导的“大韩民国临时政府”于上海成立，并积极争取孙中山领导的南方护法政府之外交承认。1924 年孙中山先生改组中国国民党后，广州顿时成为亚洲反帝国主义的精神堡垒，聚集了大批越南与朝鲜的复国志士，他们纷纷投考黄埔军校，成为日后领导民族解放运动的军政骨干。

孙中山先生逝世之前，一直关心印度之独立运动，特别授意戴季陶要设法保护印度的流亡志士；他逝世之后，国民政府也一直坚持支持印度民族解放的政策。抗战期间国民政府与印度国大党领袖保持密切关系，蒋介石更明确表示：“中国得到自由与独立以后，第一要务当为协助印度与朝鲜之解放与独立也。”

抗战爆发后，“大韩民国临时政府”迁到重庆，所有政务费用均由国民政府承担，蒋介石更亲自批准建立“朝鲜义勇队”和“韩国光复军”，参加中国的抗日战争。在开罗会议上，蒋介石不顾英国首相丘吉尔的反对，坚持并力争罗斯福总统的支持，确定朝鲜独立的国际地位，并将此写入《开罗宣言》。不料，日后美、英、苏三国签订《雅尔塔协定》，不但出卖中国的领土利益，还种下朝鲜半岛一分为二的祸根。

二战后亚洲秩序重建的主导权，操控在美国与苏联手里，欧洲列强也仍不愿轻易放弃它们在亚洲的殖民利益，中华民国协助亚洲各民族解放与独立的目标未能立即全面实现，但仍力保印度与缅甸顺利争取独立。更具划时代意义的是，中华民国参与草拟的《联合国宪章》与《世界人权宣言》，彻底否决了帝国主义和殖民主义的正当性，为日后亚洲各民族的全面独立与振兴开创了必要的历史条件。

辛亥革命的政治奇迹

对于辛亥革命的性质与历史真谛，国民党与共产党的正统论述有相当大的差异，但也有若干相契合之处。国民党将辛亥革命定位为“未完成的革命”，而共产党将其定位为“不彻底的革命”。不过，这两种历史解释都忽略了一个重要的面向：辛亥革命并不是一场千万人头落地的血腥革命。共和的建立主要是通过政治协商让清帝和平逊位，既避免了生灵涂炭，也避免了国家的分崩离析，这场中外古今历史所罕见的“大妥协”，充满着高度的政治智慧，其难度犹如创造政治奇迹。

从国民党的角度来看，辛亥革命是一场未完成的革命。因为民国成立之后，中国并未顺利地踏上民主共和的坦途。1912年南北议和之后，孙中山先生将临时大总统的职位让给袁世凯，然后革命党人制定《临时约法》，试图推行内阁总理制，并要求袁世凯到南京就职，但并未能有效约束袁世凯的政治野心。在1913年“二次革命”倒袁失败后，袁世凯巧取豪夺了辛亥革命的政治果实，孙中山再次被迫流亡海外，重新组织革命团体。之后，袁世凯的称帝闹剧虽然最终导致众叛亲离的下场，但中国自此陷入军阀割据、四分五裂之局。终其一生，孙中山先生的建国理念并未能付诸实现，以至于他临终前还念念不忘交代遗志“革命尚未成功，同志仍须努力”。

中共的正统论述，不脱阶级斗争理论，基本上将辛亥革命定位为一场“不彻底的革命”，从中共的角度出发，这是一场资产阶级的革命，而不是让无产阶级翻身的革命。不过，中共一向尊奉孙中山先生为革命先行者，高度肯定他一生所坚持的反帝国主义与争取民族独立、维护国家统一的基本立场，也高度推崇他提出的许多社会主义主张，特别是“平均地权”一项。中共认为，虽然孙中山先生曾经提出“耕者有其田”的目标，主张农地应收归国有，再由国家授之以田，农民向国家直接缴交地租，消除地主的中间剥削，但此一主张并不为许多同时代的革命同志所接受。许多革命党人认为这个主张过于激进或非当务之急，所以中共宣称消除地主阶级的革命目标最后是由其完成的。

上述这两种定位，都未能呈现历史的全貌。最近不少历史与政治学者将焦点移转到从武昌起义到清帝逊位这关键的历史转折，并提出这样一个问题：辛亥革命最终避免了内战的浩劫以及国家结构全面崩解，这样的历史结局原来非常有可能，但并没有发生，这如何可能？严格说起来，辛亥革命并没有像法国大革命将波旁王朝路易十六推上断头台那样，直接“推翻”了清朝与帝制；更准确的说法应该是，清朝的统治者乃是迫于辛亥革命后出现的南北分裂，以及袁世凯掌控的北洋军系倾向议和，最后做出明智选择，顺应历史潮流，颁布“逊位诏书”，将统治权和平过渡到共和体制。

但这绝对不是清廷唯一的选项。当时，南方政府能有效控制的地区有限，也尚未得到列强承认；清朝仍有效控制北方，军力上仍处于优势，更何况清廷还有退回关外进行长期抗战的选项，如果清廷决心困兽犹斗，结局如何还很难预料。不过，清廷最后没有做出鱼死网破的决定，一方面顾虑北洋新军不听指挥，也顾虑到散落各地的满族人的安危，更顾虑到全面开战必然导致帝国版图分崩离析，以及虎视眈眈的列强随时准备出兵干预。

引导清廷深明大义、顾全大局的关键之一，是 1912 年 1 月 1 日孙中山在南京发布的《中华民国临时大总统宣言书》。在这份重要文献里，孙中山排除了不少拥抱汉民族主义之革命党人所主张的“十八省独立”架构，也就是剥离满蒙藏，在汉族集中地域建立一个民族国家，而是明确主张“合汉、满、蒙、回、藏诸族为一人”的五族共和方案。同时，南方临时政府又抛出两个重要的议和条件，第一是主动提出“清室优待条件”，第二是孙中山先生主动表示愿意辞去临时大总统一职，虚位以待袁世凯。最后，通过袁世凯与清廷协商，达成“清室优待条件”以及“逊位诏书”内容的共识，宣统皇帝退位后在紫禁城内仍旧可以像教宗在梵蒂冈内一样，享有崇隆的地位与待遇。

辛亥革命发生在一个民族构成相当复杂的帝国，最初的有力革命诉求是“驱逐鞑虏、恢复中华”，是类似欧洲民族主义的汉民族建国运动。在世界近代史上，多民族帝国的共和革命极易造成国家分裂，无论是奥匈帝国、俄罗斯帝国，还是奥斯曼帝国，都无法逃脱此一命运。辛亥革命最终并未造成国家解体以及民族冲突，民国基本上继承了清帝国的版图与人口，不能不说是个政治奇迹。

回首一战百年沧桑

距今 100 年前，1914 年 7 月 28 日，奥匈帝国向塞尔维亚宣战，引爆了人类有史以来第一场交战范围遍及全球、社会动员最为彻底、平民死伤最为惨烈的大战。

这场战争为人类社会掀开最为黯淡、最为悲壮，也最为惊心动魄的一页历史。从此世人经历了长达 50 年之久的冲突、解体与重构。战争火焰、经济风暴与革命浪潮无所不在，死神足迹所到之处每一寸土壤都难免蹂躏的命运。

从第一次世界大战与世界经济大萧条开始，到烽火范围更广、破坏力更惊人的第二次世界大战，接着是朝鲜战争造成的停战状态，及美苏冷战格局初步成形，一直到古巴导弹危机与美苏核威慑平衡基本确立为止，这场卷起世界战争、经济灾难、社会革命与独立运动的超级历史风暴，才逐渐减弱。

在这场漫长的历史巨变中，社会矛盾全面爆发，民族主义运动波涛汹涌，政治体制纷纷遭遇挑战，地缘政治秩序面临彻底重组。第一波被冲垮的政治结构有奥匈帝国、德意志帝国、沙皇俄国，还有横跨欧亚非三洲、涵盖今日 53 个国家的奥斯曼帝国。接下来，德国、意大利、奥地利、西班牙以及众多南欧与中东欧地区的脆弱代议民主体制，难以抵御经济与社会风暴而一一崩解；最后，德国与日本军国主义体制被拆解，而惨胜的英国、法国与荷兰也无法躲过全球殖民帝国面临解体的命运。

这场超级历史风暴触发了俄国共产革命，激荡出民主社会主义与福利国家体制，造就了美国的全球霸主地位及与之抗衡的苏联阵营，也彻底改写了中国的命运。一战结束之后，五四运动与新文化运动风起云涌，“国共合作”与“国共内战”交织展开，中国开始摆荡在“全盘西化”与“以俄为师”这两条现代化道路之间颠簸前进。

经过两次世界大战，以及数千万人的生命牺牲与不计其数的家破人亡惨剧，才让西方政治精英大彻大悟，将西方文明从以暴易暴、以战养战，无止境地争夺殖民地盘与势力范围的恶性循环中解脱出来，促成了二战之后英美主导的联合国集体安全体制与国际经济合作秩序。

经历经济大萧条的惨痛经验，以及面对社会主义革命遍地烽火的威胁，才让西方资本家愿意接受累进税率与社会福利体制，接纳劳工集体谈判权与工作基本权益，以及设法适应公平交易规则与跨境资本流动管制等，采取压制资本破坏与掠夺本性的必要措施。

今日举目四顾，资本主义企图挣脱国家管制与社会责任的故态复萌，联合国集体安全体制严重失灵，国际经济合作体制裂痕频现；一些国家激进右翼政治势力重新抬头，战后国际秩序面临挑战，大国间硝烟味日渐浓厚。

虽然欧美各国领袖在 2014 年 8 月间纷纷隆重纪念一战百年，重申避免重蹈历史覆辙的决心，但国际社会上四处涌现的不安迹象，令人实在担心历史教训是否不够深刻、痛楚记忆是否已经日益消退。

被遗忘的末世预言家

由美国次级房贷危机所引爆的金融海啸，这两年来让美国主流经济学家灰头土脸。因为在新古典经济学当道的过去 30 年间，主流经济学家普遍笃信金融市场的“效率”；他们完全无法想象，号称全世界最高效率的美国金融市场所发展出来的所谓“避险工具”，反而成为吞噬金融机构的毁灭性武器。

这场金融海啸也造就了少数“末世预言家”（doomsayers），最有名的就是纽约大学的鲁比尼（Nouriel Roubini）。他早在2006年9月就向国际货币基金组织提出警告：美国即将面临百年难得一遇的经济风暴，房地产泡沫的崩解将导致金融市场流动性的枯竭，最终导致经济大衰退。

在鲁比尼之外，还有一位鲜为人知的末世预言家，就是最近刚过世的美国约翰·霍普金斯大学社会学系教授阿瑞基（Giovanni Arrighi）。他在 1994 年出版的《漫长的 20 世纪》（*The Long Twentieth Century*）这本学术名著里，很早就预见了开始于 1970 年代末期的金融扩张周期，迟早将导致全球资本主义体系的全面性危机。

阿瑞基的研究角度与鲁比尼非常不同，但可以截长补短。鲁比尼的危机预测理论，是建立在他对过去新兴经济体爆发金融危机的过程所做的比较实证研究之上。阿瑞基则是当代世界体系理论的主要代表人物之一，他是从大历史的角度来理解世界经济体系的周期性规律。鲁比尼的专长在“见树”，而阿瑞基的长处在“见林”。

阿瑞基的历史分析，是将 13 世纪近代资本主义萌芽以来的世界经济体系发展划分为四个扩张周期，这四个周期见证了世界经济体系的重心，由意大利北部转向伊比利亚半岛的西班牙与葡萄牙，再由伊比利亚半岛转向荷兰，紧接着由荷兰转向英国，最终由英国转向美国。每一个周期的初期都是以物质扩张（工业与商业部门活动的扩张）为主要的经济累积动力，而每一个周期的后期都会出现实体经济活动利润下跌，资本转向金融活动追求变现性与更高的回报，然后出现金融资本过度膨胀、资产泡沫，以及金融危机后的全球经济收缩。

阿瑞基对于资本主义扩张周期的分析，在某些方向与20世纪初经济学大师熊彼特（Joseph Schumpeter）的观点有些类似。在熊彼特的分析架构下，经济周期非常类似于生态学家所理解的森林生态体系的盛衰周期。周期性的森林大火，导致森林生态体系的重整，再次开启植物繁殖先趋向多样再趋向单一的循环，然后酝酿下一场森林大火的降临。

不过，阿瑞基跟熊彼特两者理论最大的不同之处在于：阿瑞基将扩张周期看成是资本主义体系的严重内在缺陷；而熊彼特却将其合理化为资本主义的自我更新机制，也就是他所谓的“创造性毁灭”。阿瑞基将扩张周期循环看成资本主义的致命伤，因为他看到了这个扩张过程中充斥着掠夺与剥削，以及金融崩解与经济收缩对千千万万家庭与社区的残酷折磨。植物无法拒绝接受周期性森林大火的自然规律，但是资本主义是人类自己创造的制度，绝对是可以改良、修正甚至替换的。

悼念一位20世纪伟大的历史学家

20世纪最伟大的历史学家之一、英国左派史学大师霍布斯鲍姆（Eric Hobsbawm）于2012年10月1日病逝。霍布斯鲍姆出生于犹太裔家庭，他1917年诞生于埃及亚历山大港，父亲为奥地利商人，母亲则是作家。他14岁成为孤儿，跟随叔父在柏林定居。他后来为逃避纳粹而前往伦敦留学，考入英国剑桥大学攻读历史，毕业后在伦敦大学伯贝克学院任教，1960年代起声名鹊起。

他最享负盛名的作品是由《革命的年代》、《资本的年代》、《帝国的年代》与《极端的年代》串连而成的“年代四部曲”，以历史唯物论观点梳理由法国大革命至冷战结束的西方历史重要脉络，横跨两个世纪。哈佛大学的尼尔·弗格森教授大力推崇“年代四部曲”，称其为“任何人学习现代历史的最佳入门”。霍布斯鲍姆在14岁时参加共产党，一直到1991年英国共产党解散前夕都是该党党员，终其一生都是一位“无悔的共产主义者”，从来没有放弃过追求社会主义的政治理想。

霍布斯鲍姆一直是英国工党的知识导师，是引导工党从1980年代困局中重新出发的重要推手之一。工党前党魁金诺克（Neil Kinnock）就是受到他的“现实的马克思主义”论述之启迪，而推动工党的路线改革，也为日后托尼·布莱尔领导工党重返执政宝座奠定了基础。霍布斯鲍姆后来因为公开反对布莱尔在伊拉克战争中追随美国的做法，而一度与工党疏远。现任工党党魁艾德·米利班德（Ed Miliband）也对其十分景仰，在听到霍布斯鲍姆逝世的新闻后立刻发表谈话，公开赞扬他将历史从象牙塔中带入寻常百姓家，在治学之余深刻关注国家的政治发展方向。

“年代四部曲”的最后一部，是霍布斯鲍姆对20世纪历史所做的宏观分析，他的深刻观察无处不发人深省。霍布斯鲍姆将20世纪界定为人类历史上最极端的一个时代：这个时代的人类社会经历过推向极致的共产主义、法西斯主义，以及经济自由主义实验；这个时代为人类营造了所能想象的最大希望，但同时也摧毁了所有幻象和理想；这个时代的物质文明既带来了人类社会前所未有的丰盈富足，也带来了空前的巨大灾难；这个时代人类借由科技和经济活动来改变地球的能力，或者说摧毁这个星球的能力，变得无比巨大且持续加速改变，甚至达到了接近失控的状态。

对于21世纪人类社会面临的挑战，霍布斯鲍姆更是忧心忡忡。由极端旧时代中孕生出来的代议民主，难以适应网络与个人媒体的革命浪潮。不受驾驭的全球性自由市场，已经凌驾于所有政府与国际组织之上；经济全球化所带动的资源席卷与再分配，不断将社会推向裂解边缘。资本与劳工、老年人与年轻人、本国人与新移民之间的社会矛盾日益加剧，对所有国家政治体制的利益协调能力构成沉重压力。他特别忧心的是，西方社会的劳动阶级在资本外移、福利国家破产、亚洲竞争压力，以及全球工资水平趋同的多重挤压下，他们的挫折与失落未必能被转化为支持体制改革的动力，反而更容易被引导到以极端排外与族群仇恨为宣泄口。

霍布斯鲍姆在晚年的多场演讲与访谈中，不断提醒知识分子必须走出当前西方社会主流价值观的窠臼，才有可能有效回应当前人类社会所面临的重大挑战。从地球生态危机、宗教与族群冲突，到经济全球化带来的极端不均衡与高度社会风险，他剀切指出，西方所继承的 20 世纪主流理念，包括无止境的经济增长与科技进步、个人独立自主的理想、尊重选择的自由以及选举民主，不但无助于这些根本问题的解决，反而会使之加速恶化。从这个角度而言，人类社会迫切需要新的社会建构思维与制度创新。有反省能力的西方知识精英都认为，有必要从非西方的文明传统中汲取灵感，以及从被边缘化的非主流思想体系中找寻出路。

重新点亮一盏明灯[81]

于树德先生是我生平从未谋面的五姨丈。我在 1990 年冬天第一次踏上中国大陆时，他已经在北京过世多年。2003 年前我在南京的表姐给我介绍母亲家里的诸位长辈时，特别提到了这位姨丈戏剧性的人生起伏，才触动了我对他在民国时期从事政治活动与推动合作事业的事迹做了一点研究，也才让从事政治经济学研究的我，有机缘与这位成长于风起云涌时代的长辈在精神层面建立一种联系。

合作经济学在西方知识体系中是冷门学科，在西方主流经济学中更毫无地位可言。其道理很简单，因为合作经济学是为劳动者服务的政治经济学，而西方主流经济学是为资本家以及资本主义社会的国家机构服务的政治经济学。作为资本主义社会权力结构中弱势的一方，劳动者自然也是现代社会知识供需关系中的弱者，得不到主流经济学家的眷顾。

作为一位大时代的政治运动家、社会运动家以及教育家，于树德先生的终极关怀是如何拯救饱受帝国主义蹂躏的中国，特别是处于中国社会底层承受最多磨难的农民与工人。无论是 1921 年他与安体诚一同创办“天津工人工余补习学校”，或是 1922 年他亲身参与并指导了中国第一家信用合作社（注：河北香河县信用合作社）的创办，或是在 1930 年代他与章元善、寿勉成、晏阳初、梁漱溟等学者陆续投入中国乡村建设的实验与实践工作，或是在对日抗战期间亲自参与组织和推动“中国工人合作协会”，组建各种工业生产合作社，他都是在第一线与农民和工人并肩奋斗。

于树德先生一生的学术活动也是以农民与劳工为服务对象。他是中国最早讲授合作理论的学者之一。早在 1917 年他从日本留学回国后，就在天津法政专门学校任教，并且在北京大学讲课——主要就是讲授合作理论。在 1927 年退出政治活动之后，他更长期在燕京大学讲授合作社理论。他一生留下大量的合作理论与实践方面的著作，除了在北京大学、燕京大学、华洋义赈总会、广州和武汉农民讲习所等地所作的讲义外，还公开出版了许多专著。

国务院发展研究中心下辖中国发展出版社与北京大学经济学院合作出版"民国农村研究经典文库"系列，准备以《于树德论合作社》作为文库的第一卷，收录他在 1921 年出版的《合作社之理论与经营》、1932 年出版的《消费合作社之理论与实际》以及 1929 年出版的《信用合作社经营论》等三本书，作为上篇、中篇与下篇，共约 45 万字。

中国发展出版社在 2012 年决定重行刊印于树德的合作社理论文献，特别具有时代意义。联合国 64 届大会的 136 号决议，正好将 2012 年定为"国际合作社年"（International Year of Cooperatives），以彰显各类合作社组织对于人类经济社会发展的贡献，特别是对于消灭贫穷、增加就业以及社会整合领域的深刻作用。同时，联合国经济与社会事务部也举办一系列活动，一方面大力提升国际社会对于合作社组织的认识与重视，另一方面也鼓励各成员国以及联合国各相关机构大力扶持与推进合作社事业，作为全球携手推进联合国“千禧年发展目标”的重要策略之一。

在人类社会正在摸索如何突破全球资本主义所带来的社会两极分化、全球金融危机以及地球生态失衡等巨大困境的历史关键时刻，合作社运动更犹如资本主义危机长夜下的一盏明灯。虽然合作经济长期受到垄断性资本的挤压与排斥，也并未得到大多数国家政府机构、国际组织与主流知识精英的青睐与扶持，但合作社组织作为社会弱势群体通过民主参与、互助手段与同舟共济精神，来帮助参与成员有效回应市场经济体制下生存与发展挑战的一种自发性社会机制，始终维持着强盛的生命力，在不同历史阶段和各种文化与社会背景下不断演化与创新。尤其在国家缺位、市场失灵与资本垄断的恶劣条件下，合作社作为一种社会自助机制更能显现其群策群力的巨大功能。

合作经济已经累积了长期而广泛的社会实践经验，不但从早期的消费合作、生产合作、股份合作、产销合作、信用合作领域拓展到互助保险、微型金融、微型企业担保合作、社群虚拟货币、社会服务互助，同样的理念也进一步延伸到开放版权(copyleft)、自由软件、开放原码平台等新兴领域。尤其在信息交换成本、运输成本、沟通协调成本大为降低的网络时代，合作社组织网络的开拓不再受到地域限制，全世界各地的合作事业都有机会进行无远弗届的交换、合作与协调。网络科技让合作社组织可以同时具备在地性与全球性。合作社组织所构成的联盟网络可以运用其集体供应或采购政策，来筛选履行社会责任和环境责任的企业，以及筛选对社会与环境友善的金融产品，为全球化过程另辟蹊径。

中国发展出版社重新出版于树德先生早年的合作理论相关著作，不仅仅具有保存中华民族近现代农村建设文献的典藏意义，更具有振聋发聩的作用，实时提醒当代知识分子，合作经济学将是引领人类社会突破当前发展困境的重要知识泉源之一。

附　　注

[1] 朱云汉：《身处巨变时代的政治学者》，中国政治学会 2008 年年会主题演讲，台湾中正大学。

[2] Joseph Nye，*Bound to Lead：The Changing Nature of American Power*（New York：Basic Books，1991）.

[3] Francis Fukuyama，*The End of History and Last Man*（Harper Perennial，1993）.

[4] Larry Diamond，“The Democratic Rollback：The Resurgence of the Predatory State,” *Foreign Affairs*，April/May 2008.

[5] Kishore Mahbubani，*The New Asian Hemisphere：The Irresistible Shift of Global Power to the East*（PublicAffairs，2009）.

[6] Fareed Zakaria，*The Post-American World*. W. W. Norton，2008.

[7] Naazneen Barma，Ely Ratner and Steven Weber，“The World

without the West," *National Interest*, Jul/Aug 2007.

[8] Richard Haass, "The Age of Nonpolarity: What Will Follow U. S. Dominance," *Foreign Affairs*, May/June 2008.

[9] Ian Bremmer, *Every Nation for Itself: Winners and Losers in a G-Zero World*, Portfolio, 2012.

[10] S. E. Eisenstadt, "Multiple Modernities," *Daedalus*, 129, 1 (Winter 2001): 1-29.

[11] 费孝通:《从反思到文化自觉和交流》,载《读书》,1998(11)。

[12] Francis Fukuyama, *The End of History and Last Man* (Harper Perennial, 1993).

[13] http://www.nytimes.com/2011/09/22/nyregion/one-in-five-new-york-city-residents-living-in-poverty. ht ml? _r=0.

[14] Thomas Piketty, *Capital in the Twenty-First Century* (Harvard University Press, 2014).

[15] Joseph E. Stiglitz, "Preface to the Paperback Edition," in *The Price of Inequality: How Today's Divided Society Endangers Our Future*. W. W. Norton & Company, 2012.

[16] Paul Pierson and Jacob Hacker, *Winner-Take-All Politics: How Washington Made the Rich Richer-and Turned Its Back on the Middle Class*, (Simon & Schuster, 2010).

[17] 美国最高法院在面对佛罗里达州计票争议而导致 2000 年总统大选因无法分出胜负而陷入僵局时,主动从佛州联邦初级法院手中提审此一选务纠纷案,并迅速判决小布什获得佛州所有选举人票数,让其惊

险跨过胜选门槛。9位大法官中有5位为共和党总统提名、4位为民主党总统提名，表决结果也正好是5∶4，党派立场泾渭分明，小布什也因此被不满的民主党人士戏称“靠五票当选的总统”。

[18] U. S. Supreme Court rule in Citizens United v. FEC, 2010.

[19] U. S. Supreme Court rule in McCutcheon v. FEC, 2014.

[20] Martin Gilens and BenjaminI Page, “Testing Theories of American Politics,” *Perspectives on Politics*, Fall, 2014.

[21] Joseph E. Stiglitz, “Inequality: Of the 1%, by the 1% and for the 1%,” *Vanity Fair* (May 2011). Accessible at: http://www.vanityfair.com/society/features/2011/05/top-one-percent-201105.

[22] Jeffrey Sachs, *The Price of Civilization: Reawakening American Virtue and Prosperity* (Random House, 2011).

[23] Robert Putnam, *Our Kids: The American Dream in Crisis*. Simon & Schuster, 2015.

[24] Joseph E. Stiglitz, “America's 1% Problem,” in *The Price of Inequality: How Today's Divided Society Endangers Our Future*. W. W. Norton & Company, 2012.

[25] Francis Fukuyama, “America in Decay: The Sources of Political Dysfunction,” *Foreign Affairs*, September-October, 2014.

[26] Raghuram G. Rajan, *Fault Lines: How Hidden Fractures Still Threaten the World Economy Paperback* (Princeton University Press, 2011).

[27] Andrew Ross Sorkin, *Too Big to Fail: The Inside Story of*

How Wall Street and Washington Fought to Save the Financial System and Themselves（Penguin Books 2010).

[28] Sheldon S. Wolin，“A Kind of Fascism Is Replacing Our Democracy,” *Long Island NY Newsday*，July 18，2003.

[29] Yun-Han Chu，“Coping with the Global Financial Crises：institutional and ideational sources of Taiwan's economic resiliency,” *Journal of Contemporary China*，Volume 22，Issue 82（2013）：pp. 649 - 668.

[30] Larry Diamond，“The Democratic Rollback：The Resurgence of the Predatory State,” *Foreign Affairs*，April/May 2008.

[31] 朱云汉：《东亚民主困境与当代思维陷阱》，载《台湾社会研究季刊》，第 65 期（2007 年 3 月），249～256 页。

[32] Francis Fukuyama，*State-Building：Goverance and World Order in the 21st Century*.（Cornell University Press，2004).

[33] Bo Rothstein，2003.“Social Capital，Economic Growth and Quality of Government：The Causal Mechanism,” *New Political Economy*. Volume 8，Issue 1；Sören Holmberg，Bo Rothstein，and Naghmeh Nasiritousi，2009.“Quality of Government：What You Get,” *Annual Review of Political Science*，Vol. 12 June 2009：135 - 161.

[34] John D. Stephens and Dietrich Rueschemeyer，*Capitalist Development and Democracy*（University of Chicago Press，1992).

[35] http：//www. zeit. de/wirtschaft/2015-02/armut-deutschland-bericht-paritaetischer-wohlfahrtsverband.

[36] Nancy Birdsall and Francis Fukuyama, "The Post-Washington Consensus: Development After the Crisis," *Foreign Affairs*, Volume 90, Number 2 (March-April, 2011).

[37] John Ruggie, 1983. International Regimes, Transactions, and Change: Embedded Liberalism in the Postwar Economic Order. In Stephen D. Krasner ed., *International Regimes* (Ithaca, N. Y.: Cornell University Press): 195 - 231.

[38] Karl Polanyi, *The Great Transformation: The Political and Economic Origins of Our Time* (Boston: Beacon Press, 2001): p. 3.

[39] http://research.stlouisfed.org/fred2/series/GFDEGDQ188S.

[40] William Walker, "Washington must heed fiscal alarm bell," *Financial Times*, September 22, 2008.

[41] Paul Kennedy. *The Rise and Fall of the Great Powers: Economic Chang and Military Conflict from* 1500 *to* 2000. (New York: Random House, 1987): pp. 488 - 514; Chalmers Johnson, *Blowback: The Costs and Consequences of American Empire* (New York: Henry Hotl & Co., 2000).

[42] Nial Ferguson, "Sinking Globalization," *Foreign Affairs*. March/April, 2005.

[43] Joseph E. Stiglitz and Linda J. Bilmes, *The Three Trillion Dollar War: The True Cost of the Iraq Conflict*, W. W. Norton & Company, 2008.

[44] Francis Fukuyama, "America in Decay: The Sources of Politi-

cal Dysfunction," *Foreign Affairs*, September-October, 2014.

[45] Benjamin Friedman, "Introduction," in Randall Kroszner and Robert Schiller, *Reforming U. S. Financial Markets* (Cambridge, Mass: MIT Press, 2011).

[46] Arthur E. Wilmarth Jr. "The Dodd-Frank Act: A Flawed and Inadequate Response to the Too-Big-To-Fail Problem," *Oregon Law Review*, Vol. 89 (April 2011): pp. 951 - 1057.

[47] 中国人民银行在 2012 年就开始规划"人民币跨境支付系统"(China International Payment System),这将是人民币国际化战略的关键之举。2015 年初中国人民银行已经选定全球 20 家银行试运作这个系统,预定在年底可正式启动,将为所有会员银行提供跨越全球 19 个时区的同步、及时以及全天候(不间断)的支付服务。

[48]"亚信峰会"是"亚洲相互协作与信任措施会议"之简称,是哈萨克斯坦总统纳扎尔巴耶夫倡议为了加强亚洲陆上国家区域安全合作,而成立的综合性安全保障机制,在 1996 年正式启动,2002 年举行首次领导人会议,目前共有 26 个会员国。亚信第四次峰会 2014 年 5 月 20 日至 21 日在上海举行,中国正式接任 2014—2016 年亚信主席国。

[49] 朱云汉:《中国人与二十一世纪世界秩序》,载《世界经济与政治》,2001 (10)。

[50] Arvind Subramanian, *Eclipse: Living in the Shadow of China's Economic Dominance* (Washington D. C. Institute of International Economics, 2011).

[51] http: //www. ft. com/intl/cms/s/2/f1447af8-ef61-11e0-bc88-0

0144feab49a. html.

[52] http://www.foreignpolicy.com/articles/2012/08/13/the_most_dynamic_cities_of_2025.

[53] http://www.economist.com/node/21542155.

[54] http://kraneshares.com/international-monetary-fund-2015-forecast-china-largest-contributor-to-global-gdp-growth/.

[55] http://www.ggdc.net/maddison/Maddison.htm.

[56] http://blog.euromonitor.com/2013/02/top-5-largest-economies-in-2020-china-and-russia-displace-usa-a nd-germany-respectively.html.

[57] "Made in China," *Economist*, March 14-20, 2015. Also can be accessed at http://www.economist.com/news/leaders/21646204-asias-dominance-manufacturing-will-endure-will-make-development-harder-others-made.

[58] 吴琪、王紫祎：《中国制造，超越山寨——专访美国〈连线〉杂志前主编克里斯·安德森》，载《三联生活周刊》，2014－12－06，见http://chuansongme.com/n/971795)。

[59] 上述观察有坚实的实证研究做立论基础，过去15年笔者在中国大陆主持过四次全国范围的政治态度大型调查访问，可参见：Yun-han Chu, "Sources of Regime Legitimacy and the Debate over the Chinese Model," *The China Review*, Vol. 13, No. 1 (Spring 2013): 1－42。

[60] Thomas Friedman, *Hot, Flat, and Crowded: Why We Need a Green Revolution-and How It Can Renew America* (Farrar, Straus and Giroux, 2008).

［61］例如福山的近作，Francis Fukuyama，*The Origins of Political Order：From Prehuman Times to the French Revolution*（Farrar，Straus and Giroux，2011）。

［62］可以参考福山与张维为的对话，"The China Model：A Dialogue between Francis Fukuyama and Zhang Weiwei，" *New Perspectives Quarterly*，Volume 28，Issue 4（Fall 2011）pages 40－67。

［63］Nicolas Berggruen and Nathan Gardels，*Intelligent Governance for the 21st Century：A Middle Way between West and East*（London：Polity，2012）.

［64］Baogang He，"From Village Elections to Village Deliberation：A Case Study of Deliberative Democracy Experimentation in China，" *Journal of Chinese Political Science*，Volume 19，Issue 2（2014）：pp 133－150.

［65］Kenneth Pomeranz and Steven Topik，*World that Trade Created：Society，Culture and the World Economy，1400 to the Present.*（M. E. Sharpe，1999）.

［66］Fareed Zakaria，*The Post-American World*（W. W. Norton & Company，2008）.

［67］Kishore Mahbubani，*The New Asian Hemisphere：The Irresistible Shift of Global Power to the East*（Public Affairs，2009）.

［68］这个统计图表由 Catherine Mulbrandon 根据麦迪逊教授的 GDP 估计资料所绘制，请参见 http：//visualizingeconomics. com/blog/2008/01/20/share-of-world-gdp。

［69］Lawrence Lessig，*Free Culture*（Penguin Books，2005）：Chapter 5.

［70］OEDC，*Looking to 2060：Long-term global growth prospects* OECD Economic Policy Paper No. 03（November 2012）：p. 23；报告全文可参见 http：//www. oecd. org/eco/outlook/2060%20policy%20paper%20FINAL. pdf。

［71］Lawrence Summers，"Time US leadership woke up to new economic era，" *Financial Times*，April 5，2015，accessible at：http：//www. ft. com/intl/cms/s/2/a0a01306-d887-11e4-ba53-00144feab7de. html #a xzz3X5MQCfgR.

［72］Gideon Rachman，"UK's risky obsession with US decline，" *Financial Times*，April 5，2015，accessible at：http：//www. ft. com/intl/cms/s/0/b168815c-d934-11e4-b907-00144feab7de. html # axzz3X5MQCfgR.

［73］Michael Pillsbury，*The Hundred-Year Marathon：China's Secret Strategy to Replace America as the Global Superpower*（Henry Holt and Co. 2015）.

［74］根据荷兰银行的统计，到 2015 年 5 月止，发达国家的债务总额已经高达 157 万亿美元，相当于它们 GDP 的 376%。参见 http：//michaelsnyder. mensnewsdaily. com/2015/05/the-debt-to-gdp-ratio-for-the-entire-world 286 percent/。

［75］在网络治理议题上，巴西扮演发展中国家代言人的角色。巴西国会率先通过《网络民法》，规范用户、企业和公共机构在巴西使用

网络的权利与义务。法案特别强调网络治理的基本原则，包括言论自由、网络中立和隐私保护。巴西在 2014 年召开的“网络治理的未来：全球多方利益攸关者会议”（The Global Multistakeholder Meeting on the Future of Internet Governance）上领导非西方国家挑战美国对互联网的控制权，要求美国放弃对“互联网名称和编号分配公司”ICANN 的监管权。美国极力维护网络科技巨无霸垄断优势，抗拒各国制定网络治理规范，拒绝交出全球管理权。

［76］赵汀阳：《天下体系：世界制度哲学导论》，南京，江苏教育出版社，2005。

［77］Stephen D. Krasner，*Sovereignty: Organized Hypocrisy*（Princeton University Press，1999）.

［78］Jeremy Rifkin，*The Zero Marginal Cost Society: The Internet of Things，the Collaborative Commons，and the Eclipse of Capitalism*（Palgrave Macmillan Trade，2014）.

［79］John Micklethwait and Adrian Wooldridge，*The Fourth Revolution: The Global Race to Rebuild the State*（Penguin Press，2014）.

［80］这幅巨型油画是当今世上仅存的四幅慈禧肖像油画中最大的一幅，画中慈禧穿着水仙图案便服。这幅画曾由台湾历史博物馆借展，展后居然无人闻问而尘封于仓库多年。2011 年几经波折，终于由台湾运回美国并由专人修复，于 2014 年重新与世人见面。

［81］这一节源自我为中国发展出版社重刊于树德先生合作社理论著作所写的序言。

图书在版编目（CIP）数据

高思在云：中国兴起与全球秩序重组/朱云汉著．—北京：中国人民大学出版社，2015.8

ISBN 978-7-300-21743-7

Ⅰ.①高… Ⅱ.①朱… Ⅲ.①中国-发展-影响-国际关系-研究 Ⅳ.①D81

中国版本图书馆 CIP 数据核字（2015）第 175267 号

高思在云

中国兴起与全球秩序重组

朱云汉 著

Gaosizaiyun

出版发行	中国人民大学出版社		
社　　址	北京中关村大街 31 号	**邮政编码**	100080
电　　话	010－62511242（总编室）		010－62511770（质管部）
	010－82501766（邮购部）		010－62514148（门市部）
	010－62515195（发行公司）		010－62515275（盗版举报）
网　　址	http://www.crup.com.cn		
经　　销	新华书店		
印　　刷	涿州市星河印刷有限公司		
规　　格	148 mm×210 mm　32 开本	**版　　次**	2015 年 9 月第 1 版
印　　张	8.875 插页 3	**印　　次**	2021 年 11 月第 13 次印刷
字　　数	162 000	**定　　价**	39.00 元